JN271689

メディアの
将来像を探る
Exploring Media's Future

早稲田大学メディア文化研究所 [編]

一藝社

はじめに

　メディア研究、あるいはマスコミュニケーション研究というと、言論報道に焦点を合わせたジャーナリズム論、あるいは社会学的な観点からのものが主流といえる。これは、いわゆるマスコミ4媒体を基軸にした従来型のマスメディア研究についても、最近のネットワーク社会でのメディア論についてもあてはまるだろう。

　しかし、本格的なデジタル・ネットワークの時代に突入し、ドッグイヤーといわれるほど技術の進歩の早い今日、メディアあるいはマスメディアのこれからを考えるときに、経営や技術についての理解や展望も欠くことのできない状況になっている。

　そうした認識から、早稲田大学メディア文化研究所の有志が研究所の内外に呼びかけ、2009年5月に「メディアの将来像を考える会」をスタートさせ、幅広いメディア企業のトップや有識の方をスピーカーに招いて原則月1回の例会を開いてきた。単にスピーカーの講演を聞くというのではなく、質問や討論の時間を十分にとって闊達な意見を交換しようという会であった。そうしたことからも「研究会」という名称は使わずに「考える会」としたわけである。

　これまでスピーカーとしてきていただいた方々は後掲の通りで、全国紙や放送局のトップ、ネット社会の最先端で活躍する起業家、あるいは海外メディア企業の日本法人幹部など幅広い。オフレコを前提にざっくばらんに語っていただくようお願いしていたこともあって、講演は刺激に満ちたものとなり、常に終了予定の時間をオーバーするほどだった。

　回を重ねるにつれ、メンバーの間から「この会の成果を限られた会員のものとするだけでなく、広く社会に還元してメディアの将来を考えてもらえる材料にできないか」との声が起こり、その具体的な方法を考える会のメンバー有志で検討を開始した。

その過程で①多くのスピーカーには「オフレコ」を前提に話していただいており、そのまま公開することは不可能であること、②近年のテクノロジーをはじめ環境の変化は年を追ってはげしくなり、講演時そのままの内容では時代にそぐわなくなっていること、の2点が公表物をまとめる点での難問となった。これを乗り越えるために、多忙なスピーカーに再度時間を割いていただくことはためらわれたし、40人以上の方々に再取材することは、多くが職業人として現役であるメンバーにとっても困難であった。

そこで、例会に出席してスピーカーの講演や質疑などを通じて得たものを、メンバーがそれぞれの専門分野の知識に反映して追究するという形に落ち着いた。したがって、会として将来像について結論めいたものを提示するのではなく、執筆者それぞれが自分の見方で描く、いわば「異見大集合」という形で1冊の本にすることになった。その結果、現在のメディア状況の把握と今後への展望に欠かせない多様な事実の掘り起こしと分析を、より多くより深く行うことができたのではないかと考えている。

「メディア」という言葉についても触れておきたい。mediaの単数形であるmediumを英和辞典で引くと、①中間、中位、中庸　②手段、方法、マスメディア　③媒体、媒介物　④霊媒、巫女……などとある。

この言葉が日本では一般的に、どう使われているだろうか。電子機器の情報を保存するディスクやSDカード、USBメモリーなどの外部記憶媒体を指す場合もあれば、社会における情報の伝達という意味や、通信回線に代表される情報の伝送経路を指す場合もある。さらに、その伝送経路を使って自分が収集ないし作成した情報を広く配布する、いわゆるマスメディアに特定されることもある。またそうした行為に携わる企業・組織体を指す場合も多い。通常メディア研究というと、この最後のもののうちでも主として報道・論評などの作成・伝達装置である新聞や放送、出版などのマスコミを対象としたものであった。

ちなみに、本会（メディアの将来像を考える会）の母体組織である早稲

田大学メディア文化研究所は、2003年10月の創設時に活動目的として「新聞・テレビなどいわゆるマスコミをはじめ政府・企業その他の諸組織におけるコミュニケーション活動とそれを支える経営・システム全体を『メディア活動』と位置づけ、メディア活動あるいは各部門・要素が果たすべき役割とその役割実現のための課題、さらに問題点打開の道を追究すること」を挙げている。メディアを広義にとらえているのである。

それに加え、IT社会は個人の大量情報発信を可能にし、ソーシャルネットワークの発展はそれに拍車をかけている。また、テレビショッピングやネット通販など、日々の生活へもメディアの変化が影響を及ぼしている。さらにはアニメやゲーム、音楽の作り手も受け手も、一世代前（一時代前か？）に比べてはるかに大きな環境の変化を受けている。

考える会が招いたスピーカーは、こうしたさまざまな「メディア」を横断する方々であり、会員の側の関心も一様ではない。そこで、本書では、「メディア」という言葉に一つの枠をはめることなく、上記の認識をベースにそれぞれの執筆者の立場に応じて使い分けており、必要に応じて自らが言う「メディア」の意味するところを説明している。

最初に書いたように、本書誕生の基になったのはメディアの将来像を考える会でのゲストスピーカーの報告であり、それを基にした議論だった。非常に忙しい中、快く登場していただいたそれらの方々のお名前を記して厚くお礼を申し上げたい。

2014年立春近い日

　　　　早稲田大学メディア文化研究所 メディアの将来像を考える会
　　　　　　　　代表編者　森　治郎（同会座長）
　　　　　　　　同　　　　中田彰生（同会幹事）

登場していただいたゲスト（2009年5月〜2013年12月）

登場順、敬称略、肩書きは当時。
会社名の株式会社は略、会長・社長の代表取締役は略。
＊印は当時あるいは現在、メディアの将来像を考える会会員。

阿部雅美　（産経デジタル社長）
海老沢勝二（元NHK会長）
君和田正夫（テレビ朝日会長）
菊池明郎　（筑摩書房社長）
重村　一　（ニッポン放送会長）
一木広治　（ヘッドライン社長、2020オリンピック・パラリンピック招致委員会事業広報アドバイザー）
和才博美　（NTTコミュニケーションズ社長）
渡部一文　（アマゾンジャパン　バイスプレジデント）
森野鉄治　（大日本印刷常務取締役）
坪田知己＊（メディアデザイナー）
蜷川真夫　（ジェイ・キャスト会長）
小島雄二　（ビデオリサーチ常務取締役）
吉川治宏＊（三井物産情報産業本部メディア事業部次長）
角川歴彦　（角川グループホールディングス会長）
佐々木智也（デジタルガレージ上級執行役員）
杉本誠司　（ニワンゴ社長）
植村八潮　（東京電機大学出版局長）
秋本則政　（ゼンリン執行役員　事業開発本部長）
倉橋　泰　（ぱど社長）
石井　昂　（新潮社常務取締役）
木田由紀夫（スター・チャンネル社長）
秋山耿太郎（朝日新聞社長）
鈴木祐司＊（NHK編成局チーフディレクター）
奥村倫弘＊（ヤフー・ニュース編集本部本部長）
塚崎修治　（テレビ朝日コンテンツビジネス局長）
白石興二郎（読売新聞グループ本社社長）
香西　卓　（アクトビラ社長）

吉田正樹　（吉田正樹事務所代表、ワタナベエンターテインメント会長）
川上量生　（ドワンゴ会長）
ジェフ・デュルーフ、トマ・シルデ
　　　　　　（Japan Expo代表）
永井祥一＊（日本出版インフラセンター専務理事）
干場弓子＊（ディスカヴァー・トゥエンティワン社長）
小泉喜嗣＊（FOXインターナショナル・チャンネルズ社長）
牧野友衛＊（Twitter Japanパートナーシップディレクター）
川邊健太郎（ヤフー副社長兼最高執行責任者）
笹川陽平　（日本財団会長）
大信田雅二（テレビ東京プロデューサー）
佐々木迅　（QVCジャパン社長）
小林恭子　（在英ジャーナリスト、メディアアナリスト）
大西弘美　（朝日新聞社取締役・デジタル事業担当）
岩田圭介　（エー・ティー・エックス社長）
高木　強　（日本新聞協会経営業務部長）
川本裕司　（朝日新聞社編集委員）
清水義裕　（手塚プロダクション著作権事業局長）
小野高道　（ザ・ハフィントン・ポスト・ジャパンCEO）
原田亮介　（日経新聞社常務執行役員）
富永紗くら（グーグル東京オフィス広報マネージャー）
松井　正＊（読売新聞東京本社メディア局編集部次長）
桜井郁子　（フジテレビCSR推進室長）

もくじ

はじめに 2

第1章　ネット社会におけるメディアと民主主義 …………9
「ネット集合知」の活用と討論（「argument」）

第1節　盛り上がらなかった「ネット選挙」?　10
第2節　メディアと民主主義　15
第3節　ネット時代の到来と既存メディアの衰退　19
第4節　「ネット2.0時代」のメディアと政治　23

第2章　ネット時代の情報読解力と表現の自由 …………33
「手書き」から「サイバー」まで

第1節　学力底上げはできるのか　34
第2節　ネットとの付き合い方　40
第3節　表現の自由の根底にあるもの　43
第4節　国益と表現の自由　50

第3章　新たな時代のメディアの公共性 ……………57
「世のため、人のため」への道程

第1節　メディアの公共性の軌跡　58
第2節　なぜ公共性追求は不十分だったのか　62
第3節　浮かび上がってきた公共性の像　64
第4節　インターネット社会の公共的課題　69
第5節　「ＣＳＲ」というもう一つの道　76

第4章　ネット時代のフリーペーパーの役割 …………… 81
　　　　　海外日刊無料紙と国内地方紙の挑戦を軸に

　　第1節　フリーメディア研究の意義　82
　　第2節　世界に広がった日刊無料紙「メトロ」　83
　　第3節　日刊無料紙が日本に誕生しない理由　89
　　第4節　地方紙フリーペーパーの公共的役割　97
　　第5節　ネットの壁を乗り越えられるか　101

第5章　「ヤフー・ニュース」成功の要因と今後の課題… 105
　　　　　「利益重視」で試される編集姿勢、モバイル対応も焦点

　　第1節　ヤフー・ニュースの誕生と成長、現状　106
　　第2節　ヤフー・ニュースのビジネスモデル　111
　　第3節　なぜ成功したのか　112
　　第4節　既存メディアとの提携と確執　116
　　第5節　ヤフー・ニュースの課題　122

第6章　ポストモダンが導く大衆メディア
　　　　　「テレビ」の将来像 ……………………………………129
　　　　　大衆が不在な情報化社会におけるマスメディアのあり方

　　第1節　ポストモダンにおける大きな物語と大衆　130
　　第2節　大衆メディアの雄、テレビの置かれている状況　131
　　第3節　テレビにおける情報のあり方　134
　　第4節　大衆不在の時代に生まれた国民的アイドル　143
　　第5節　大衆メディアとしてのテレビの将来像　148

第7章 生活者は映像メディアと どう向き合ってきたのか？ ……………………… 153
テレビの隆盛と劣勢の背景

第1節　メディアの栄枯盛衰とテレビの課題　154
第2節　メディア接触の重層性　163
第3節　多様な生活者にどう向き合えるか？　171

第8章 メディアへの意識が変わる時代の構造 ………… 177
メッセージの受容を促進させるための新しい動き

第1節　メディアに対する生活者意識の変化　178
第2節　広告界の現状と新しい動き　179
第3節　「共有」感覚が求められる時代のメディア　184
第4節　コミュニケーション環境の変化と今後のメディア　193
第5節　マスメディアとネットの新たな役割　196

第9章 メディアと社会はどう動いてきたか ……………… 201
1995年〜2013年　激変の軌跡

＊本書では、一部の章を除き敬称を略しました。

第1章

ネット社会における メディアと民主主義

「ネット集合知」の活用と討論（「argument」）

■

片木　淳　かたぎ・じゅん

早稲田大学メディア文化研究所長。1947年大阪府生まれ。東京大学法学部卒業、自治省入省。以後、広報室長、選挙部長、総務省消防庁次長等歴任。この間、旧西ドイツJETRO、高知県・北海道・大阪府（総務部長等）に勤務。2003年より早稲田大学政治経済学術院教授。ドイツ・ポツダム大学地方自治学研究所客員研究員。著書に『地方主権の国ドイツ』（ぎょうせい）、『自治体経営学入門』（一藝社、共編著）、『公職選挙法の廃止』（Civics叢書、共編著）など多数。

本章の主張

　「ネット選挙」が期待された2013年夏の参議院選は、「不完全燃焼」に終わってしまった。原因は、討論の意志と能力に欠けた「わが国の民主主義」そのものにある。中でも、政策論議を回避し、「政局報道」に走りがちな既存メディアの責任が重い。
　「ネット2.0時代」の到来により、個人がソーシャルメディアを使ってネット空間に厖大な情報を爆発的に増殖させている。これを「集合知」として集約し、民主主義の発展につなげていく可能性が生じてきている。
　しかし、そのシステムはなお開発途上で未完成であり、また、本当に「公共性」を担えるものが実現するのかという疑問もある。
　当面、既存メディアとソーシャルメディアは、それぞれの特性を生かして共存しつつ、国民の政治リテラシーを向上させる主権者教育の観点も踏まえて、討論による民主主義の成熟を目指していくべきである。

第1節　盛り上がらなかった「ネット選挙」?

■「ネット選挙」に対する期待と失望

　2013年7月21日に執行された参議院選挙では、インターネットによる選挙運動（以下、「ネット選挙」という）が初めて解禁となり、これにより選挙運動のあり方そのものが根本的に変わり、機能不全に陥っているわが国政治の改革・再生につながることが期待された。

　確かに、同選挙においては、各党・候補者とも総じて「ネット選挙」に積極的に取り組み、その結果、「候補者に関する情報の充実」（法の改正理由、後述。傍点筆者、以下同）という点では、一定の成果があったと評価できよう。しかし、肝心の「有権者の政治参加の促進」（同上）という点では、憲法改正、脱原発、TPP交渉、消費税の引き上げ等の多くの選挙争点があったにもかかわらず、インターネットの有する「双方向性」の特色を生かした活発な政策論争が行われたとは言い難い。また、SNS（ソーシャルネットワークシステム）企業等もこの機会に各種ネット・サービスを展開しようとしていたが、これも思うような成果が得られず、全体として、「ネット選挙　不完全燃焼」（7月19日付け日本経済新聞記事）と報じられた。

　さらに、警察庁の発表によれば、「懸念された悪質な中傷や成り済ましなど、選挙の公正を著しく害する違反は見受けられ」ず、警告は25件にとどまった（8月20日現在。同月22日付け時事通信記事）。違反の少なかったこと自体は歓迎すべきことであるが、それだけ今回の「ネット選挙」が盛り上がりに欠けていたということもできよう。

■盛り上がらなかったのは「わが国の民主主義」

　今回の「ネット選挙」の解禁は、「近年におけるインターネット等の普及に鑑み、選挙運動期間における候補者に関する情報の充実、有権者

の政治参加の促進等を図る」ということを理由として行われたものであった（同法律案提出理由）。

　わが国のこれまでの選挙において政党・候補者は、候補者等の名前を知ってもらうことにのみ多くのエネルギーを注いできたのに対し、今回の「ネット選挙」の解禁により、政党・候補者がネット等を活用して有権者に情報を「広く深く正確に提供し」、それを基に有権者同士が「これからどういう社会にしていくのかということをエビデンスに基づいてしっかりと議論を深め」ていく「新しい政治文化」の創造が期待されたのである（2013年4月18日、参議院・政治倫理の確立及び選挙制度に関する特別委員会における鈴木寛議員発言参照）。そして、そのため、今回の「ネット選挙」の解禁では、政党・候補者だけでなく、一般の有権者にもネット上での選挙運動が広く認められ、特にツイッター、フェイスブック等になじんでいるといわれる若者の積極的な政治参加が望まれた。

　しかし、今回の参議院選挙においては、前述のようにネット上の政策論争は、残念ながら、大きな盛り上がりを見せなかった。なぜ、このような結果に終わってしまったのであろうか。

　その原因として考えられることは、自由民主党の勝利が予想されていたため、同党がわざわざリスクのある論争をして他の政党を利することを避けたということもあったであろうが、より根本的な原因は、後述のように、わが国においては民主主義の「制度」は一応整えられてはいても、現実には、互いにその理由を示して意見を表明し、討議し、それを通じて最善と思われる結論に到達していくという意味での「討論による民主主義」がほとんど機能していないことにある。つまり、わが国の「民主主義」は形だけは整っていても、肝心の「討論」という重要な要素の欠落した、未成熟なものであったということが、今回の「ネット選挙」の解禁を機に露呈したというべきであろう。インターネットという空間において自由な意見表明ができるようになったということ自体によって、選挙運動を厳しく抑制し、討論を封じてきた従来の選挙制度によって隠蔽され、放置されてきた、政治や既存マスコミ、さらには国民

一般の民主主義的な討論に対する未熟さ、その能力の低さが白日のもとにさらされたものといえよう。つまり、盛り上がらなかったのは、「ネット選挙」ではなく「わが国の民主主義」そのものであったということであり、中でも、後述するように、政策討論を回避し、いわゆる政局報道等に走りがちなわが国の既存メディアの責任が問われるのである。

■「ネット選挙」解禁の本質

　なお、今回の「ネット選挙」解禁に関して、西田亮介は、その本質を、選挙制度の設計思想の転換、すなわち、①「均質な公平性」を重視する従来の選挙制度の立場に立ってリスク要因を極力事前に排除せんとする考え方から、②創意工夫を持ち寄り、完成度が十分でなくともプロトタイプをまずは公開し、問題が生じる都度、試行錯誤を経て修正する、「漸進的改良主義」への転換にあるとしている[1]。

　しかし、私見によれば、「ネット選挙」解禁の本質は、このような方法論にあるのではなく、上述のように、旧来の選挙運動のあり方そのものに対する考え方を全面的に転換して、民主主義国家にふさわしい選挙制度に根本的に改めていくという点に求めるべきである。つまり、西田も別の場所で触れているように、今、必要なのは「日本政治、日本の民主主義の中で変えるべき点はどこか」、具体的には「メディア利用、あいさつ状、選挙運動期間中の戸別訪問などが禁止される現状を総合的にどのように変えていくか」といった議論であり、「ネット選挙解禁」の本質もこのような民主主義と選挙の本来のあり方といった観点から論ずべきものである。

　　〈参考〉「ネット選挙」解禁の経緯と内容
　　　2013年4月19日、「ネット選挙」解禁のための公職選挙法改正案が国会において、全会一致で可決成立した。同法は、同月26日公布、5月26日に施行され、7月4日に公示された参議院通常選挙（同月21日投票）および同日以後に告示された、いくつかの地方選挙（同月14日に行われた福岡県の中間市議会議員選挙等）から適用された。

表1　解禁された「ネット選挙」運動

		政党	候補者	第三者
ウェブサイトの利用	ホームページ、ブログ（選挙運動用ビラ・ポスター（画像）の掲載を含む）	○	○	○
	ツイッター、フェイスブック等	○	○	○
	動画の配信	○	○	○
電子メールの利用	選挙運動用メールの送信	○	○	×
	選挙運動用ビラ・ポスター（画像）の添付	○	○	×

(注)　○＝解禁、×＝引き続き禁止

出典：インターネット選挙運動等に関する各党協議会「改正公職選挙法（インターネット選挙運動解禁）ガイドライン（第1版：2013年4月26日）」を参考に筆者作成

　この改正により、長年の懸案であったインターネットを利用した選挙運動が解禁され、ホームページやブログのほか、ツイッターやフェイスブックなどのSNSを使った選挙運動が候補者と政党のみならず、有権者自身にも認められることとなった（**表1参照**）。

　ただし、「なりすまし」や中傷などが横行する懸念があるとして、電子メールによる選挙運動は政党と候補者に限定されるとともに、メールアドレス等の連絡先を表示する義務と違反した場合の罰則等が定められた。

■ 日本人と討論（「argument」）能力

　「民主主義」の本質は「社会の各層での討論を経て意見が集約されてくる過程に」あり[2]、野党の反対意見も含めた「討論」によって結論を求めようとするということがなければ、たとえ多数決によって結論を出したとしても、それは専制的な「多数支配」にすぎないものであって、とうてい民主主義とはいえない。

　このような「討論による民主主義」が成立するためには、単なる話し合い（discussion）だけでは不十分であって、「『肯定側』と『否定側』の2つに分かれて、徹底的に分析し、意見を戦わせ」[3]る議論（debate）が必要である。そして、その議論を行うために必要となるのが十分な討

図1 議論の基本構造

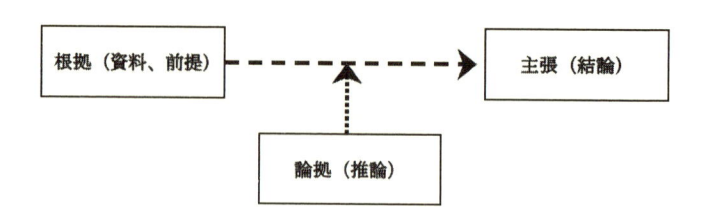

```
┌─────────────────┐        ┌─────────────┐
│ 根拠（資料、前提）│ - - -> │ 主張（結論） │
└─────────────────┘   ↑    └─────────────┘
                      ┊
              ┌──────────────┐
              │ 論拠（推論）  │
              └──────────────┘
```

論（「argument」）能力である。

　井上奈良彦によれば、議論は主張したい「結論」、その「根拠」、そして両者の間をつなぐ「論拠（推論過程）」から成り立つ（**図1**）[(4)]。

　討論（argument）能力とは、このような「議論」において「根拠」を前提に、「理由を挙げて、自らの意見を論理的に主張する」能力であるが、欧米人に比べて、日本人は残念ながら（マスコミを含め）一般的にこの討論（「argument」）の意志と能力に欠け、そのため、話が一貫性に欠け、反論（counterargument）もポイントからそれ、議論がかみ合っていないことが多々あるといわれている。逆に、日本では、「ぺらぺらとよく話す口の軽い人間は信用できない」といった文化的な背景を反映して、「演説のうまい能弁な政治家よりも、訥弁で何を話しているのかよくわからない政治家のほうが、人気が出たりする」わけであるが、このようなスタイルは国際的なビジネスの場でも通用せず、今や、能弁に対する伝統的な考え方を変える必要がある[(5)]。このことは、わが国の民主主義の成熟のために、特に強調されなければならない。

第2節　メディアと民主主義

■「客観主義」と「解釈主義」

2013年の参議院選挙においては、上述のように、「ネット選挙」が解禁されたにもかかわらず、インターネットの双方向性を生かした活発な政策論争は、政党や政治家、あるいは有権者一般の中にもあまり見られなかったのであるが、その最も大きな責任は、本来、ジャーナリズムとして率先してそれを行うべき既存メディアが負うべきものである。

そもそも、メディアと民主主義は、その誕生以来、切っても切り離せない関係にある。次に、これを谷藤悦史の論述するところにしたがって述べる[6]。

19世紀、イギリス等において、選挙権の拡張と人々のリテラシーの広がりの中で、情報や知識の収集と生産を専門とする近代ジャーナリストが誕生した。そして、19世紀後半になり、ジャーナリストが固有の訓練や教育を受け、「洗練された取材技法、インタビュー技法、ライティング技法などに支えられた専門職として自立性を高め」るとともに、「特定の政治主張を極力抑制して、取材とインタビューによって事実やデータを積み重ね、正確かつ客観的に記事を作り、国民に伝えることこそがジャーナリズムにほかならない」という「客観主義ジャーナリズム」の考え方が成立した。

しかし、この客観主義も、メディアやジャーナリズムが2度にわたる世界大戦において「国家の論理を社会に浸透させ、その論理に人々を動員させる媒体として利用」されてしまったことから批判されるようになり、そこから、「解釈主義ジャーナリズム」、「批評ジャーナリズム」の考え方が生まれた。すなわち、もともと、報道というものは主観性や政治性を帯びるものであり、ジャーナリズムの使命はこれを自覚した上で「人々が最終的な判断をするための多様な見方や優れた解釈を示すこ

と」だとする考え方である。

　また、イギリスにおいては、新たなメディアとして出現したラジオを「公的サービス・メディア」として位置づけ、その使命は「知識を備えた理性的市民を現代的文脈の中で作り出すことに」あり、その目標は「高い文化や道徳性を確立すること」であるとされた。

■「ジャーナリズム滅びて民主主義滅ぶ」

　ところが、谷藤によれば、これら「批評ジャーナリズム」や「公的サービス・メディア」の考え方についても、その後、国家による「政治マーケティングや広報、PR技術の洗練化」が進展していく中で、「現代ジャーナリズムの自主的な問題の設定や解釈は可能なのか」ということが世界的に問われることになる。さらに、国民国家の正当性が揺らぎを見せる中で、「解釈ジャーナリズム」の最も強力な立脚点であった「国民の視点」も揺らぎ、「準拠点の混乱と漂流の中で」人々の間にも「〈公〉の関心を閉鎖して〈私〉へ」退却する傾向が生まれる。その結果、メディアは「〈私〉の世界を充足させるための記事やプログラムで」満たされるとともに、他方、「〈私〉への退却を批判して国民を超えて国家を強固にする動きが登場」してきた。

　谷藤は、今日、「解釈ジャーナリズム」や「公共サービス・メディア」が「国家支配のための、あるいはまた市場を占有するための道具」ではなく、「人間の発展や真実の発見のための、統治の原理の自立的な発見や社会制度の形成のための（まさにデモクラシーの実現化のための）道具」としての役割を果たしているのか、という点についてはきわめて疑問であるとし、我々の「生活に深くかかわり情報や知的活動の多くを支配し続けているメディアの責任」を厳しく指摘している。

　インターネット時代を迎え、原寿雄が指摘するように、人々が「自分の個人的な利害や趣味、関係する仕事に直接かかわる情報以外に関心を持たず、公共的な情報は不要視され、権力監視や社会正義の追求に不可欠なジャーナリズムは、滅びてしまいそうな情勢」の中で、「情報栄え

てジャーナリズム滅び、ジャーナリズム滅びて民主主義滅ぶ」ことが危惧されるのである[7]。

メディア関係者の真摯な反省と自覚が要請されるとともに、既存のマスメディアだけでなく、後述のソーシャルメディアを含むメディア全体においてジャーナリズムをいかに再生していくのかが喫緊の課題であるといえよう。

■ わが国の政治の劣化と既存メディアの責任

今日まで、既存のマスメディアは、政治の領域における「（政治家や官僚、利益団体などさまざまな）行動主体間をとりむすぶ単なる情報の導管（パイプ）」であるにとどまらず、「それ自体も、一種の政治的行動主体として活動して」おり、「第4の権力」などと言われてきた[8]。

内山融によれば、マスメディアの政治過程において担う機能には、①読者／視聴者に対して、日々生起する出来事や世論の状態をありのままに報道する機能（「ミラー」）、②様々な人々が自由に意見表明と議論を行う場を提供する機能（「アリーナ」）および③メディアが政治過程への主体的な参加者としてそれ自身の主張を直接に表明する機能（「アクター」）の3つのタイプがあるとされる。そして、この「アクター」機能だけでなく、客観的な事実の報道であるはずの「ミラー」機能、単なる場を提供するはずの「アリーナ」機能においても、メディアが政治的影響力を行使することが可能だと指摘している[9]が、特に、影響力の大きいのが「アクター」機能であることは言うまでもない。

ところが、「アクター」としての既存メディアによる政策の解説や論議も、しばしば、分析と論理が不十分で、結論のみが先行し、「客観報道」や「不偏不党」を口実に、内容に踏み込んだ徹底した討論を避け、上述の「argument」からは程遠いものに終始してきたといわざるをえない。上述の今回の選挙においても、そのような既存メディアの体質が旧態依然のままで、まったく変わっていないという事実があらためて明るみに出たといえよう。

各方面から指摘されてきたように（たとえば、2013年1月15日、経団連『国益・国民本位の質の高い政治の実現に向けて』）、わが国の政治の現状は、内外に重大な課題が山積、まさに内憂外患といってよい危機的な状況に直面しているにもかかわらず、問題解決のための政治の能力が著しく低下し、特に、政党ガバナンスの欠如、政策よりも政局中心の硬直した政党間関係のあり方等が問題視されており、政治の能力を回復することが最大の課題となっている[10]。

■「政局報道」に偏ったマスメディア

　そして、このような政治の混迷の原因と責任は、上述のように、政治的活動体としてのマスメディアにもあり、特に、既存メディアについては、民主政治の実現のための十分な報道と解説、論議を行わないどころか、逆に、「政局報道」に偏ってその実現を妨害しているのではないかと疑われている。たとえば、最近においても、結局、無罪判決という結果に終わった小沢・民主党幹事長（当時）の政治資金問題について、記者クラブ制度によって権力に取り込まれた既存メディアが「国策捜査」を遂行しているといわれた検察の情報操作に手を貸していたのではないかと批判されている[11]。あるいは、社会保障と税の一体改革の一環である消費税増税についても、既存メディアの報道は「政局一辺倒で、政策の中身は驚くほど見えてこなかった」と指摘され[12]、ギリシアをはるかに超える膨大な借金を抱えたわが国における財政再建と社会保障という現下の最大の課題について、むしろ、「税金を払いたくない」という庶民の素朴な気持ちに迎合し、国民を社会保障と税に関する真剣な議論から逃避させる役割を結果的に果たしているのではないかと疑われるのである。

　さらに、ニューヨーク・タイムズ東京支局長のマーティン・ファクラーは、「本当のことを伝えない」日本の新聞の体質を批判し、その原因を上記「記者クラブ」の存在にあると断じている。そして、「記者クラブメディアが長らく存在していたのは、国民がそれを無意識のうちに

認めていたから」であるが、軍事政権と戦った歴史を有し、自分たちの手で民主主義を作り上げた経験のある韓国や台湾、同様の歴史を有するアメリカ、フランスと異なり、市民の手による革命を経験した歴史のない日本の有権者は「どこか受け身」であり、国や「お上」に任せていれば、「平和な世の中が築かれると信じている」と指摘している[13]。

　以上のように、ここでも、わが国の既存メディアは、まさに時代の転換期にあって、今後のわが国民主主義の行方を左右するものとしてその根本的な改革を迫られているといえよう。

第3節　ネット時代の到来と既存メディアの衰退

■ソーシャルメディアの登場と既存メディア

　近年のインターネットの普及により、ここ数年、新聞総発行部数は、減少の一途をたどり、また、コマーシャル中心の民放のテレビ放送事業収入も減少している（NHKの受信料収入は微増。図2・図3）。

　このような中で、ネット時代の到来は、新聞、テレビ等の既存メディアの存在を根底から揺るがしている。特に、近年、急激にその影響力を発揮し、地位をおびやかしつつあるといわれているのが、個々人によるインターネットを利用した各種の情報・言論活動である（UGC[14]）。中でも、フェイスブック、ツイッター等のソーシャルメディアは、急激な勢いで利用者が増えているとともに、国や地方の政治家にも積極的に利用されるようになっている。

　『平成24年版情報通信白書』によれば、ツイッターとフェイスブックの日本国内での利用者「アクティブユーザー」数は、2012年1月時点で、それぞれ1300万人を超えている。翌年の参議院選挙でも、安倍総理や「日本維新の会」の橋下共同代表は、ツイッターとフェイスブックを活用した。これまでは、マスメディアを介してしか知ることのできなかった政治家の発言が、ソーシャルメディアによって、編集なしの生のメッ

図2　新聞発行部数の推移（単位：千人）

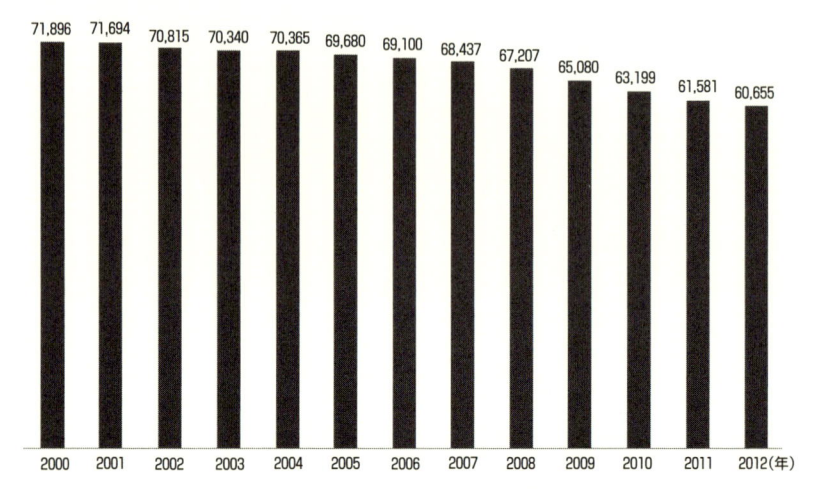

年	部数
2000	71,896
2001	71,694
2002	70,815
2003	70,340
2004	70,365
2005	69,680
2006	69,100
2007	68,437
2008	67,207
2009	65,080
2010	63,199
2011	61,581
2012	60,655

（注）発行部数は朝夕刊セットを2部として計算し、これに朝刊単独紙数と夕刊単独紙数を加えている。
出典：日本新聞協会HP「新聞の発行部数と普及度」を基に、筆者作成

図3　民放のテレビ放送事業収入およびNHKの受信料収入の推移

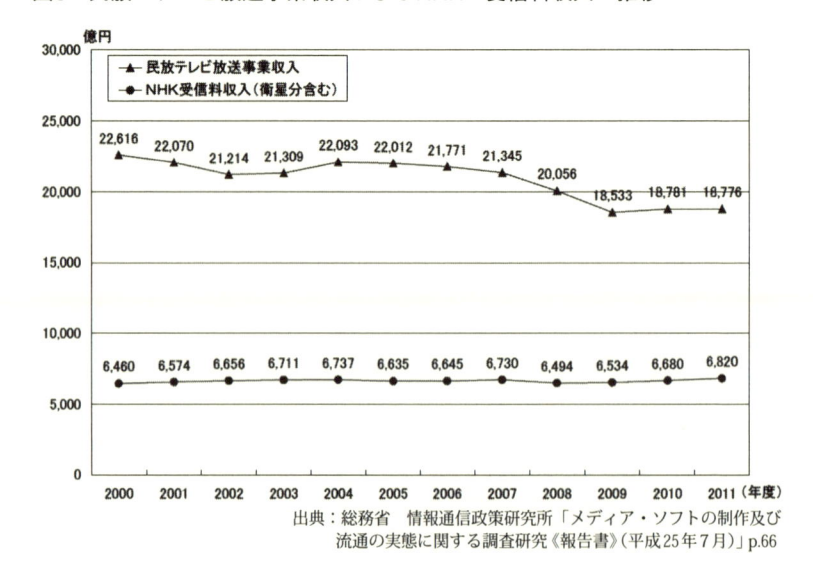

年度	民放テレビ放送事業収入（億円）	NHK受信料収入（衛星分含む）（億円）
2000	22,616	6,460
2001	22,070	6,574
2002	21,214	6,656
2003	21,309	6,711
2004	22,093	6,737
2005	22,012	6,635
2006	21,771	6,645
2007	21,345	6,730
2008	20,056	6,494
2009	18,533	6,534
2010	18,781	6,680
2011	18,776	6,820

出典：総務省　情報通信政策研究所「メディア・ソフトの制作及び流通の実態に関する調査研究《報告書》（平成25年7月）」p.66

セージとして有権者に直接届くようになったのである。

■ ソーシャルメディアの技術的特性

前述の西田は、ソーシャルメディアは、大別して以下のような3つの技術特性を持つと指摘する。
1. 身近な出来事をリアルタイムにインターネットに発信できる「即時性」
2. 情報の転送コストが低く、情報が広範に届きうるという「拡散性」
3. API [15] の公開によって、第三者が派生したアプリケーションやサービスを開発できる「相互浸透性」（プラットホーム機能）

このような特長を有するソーシャルメディアは、和田伸一郎によれば、2010年末のチュニジアから始まった「アラブ動乱」において「独裁軍事政権の転覆に役割をはたし」、ヨーロッパ、アメリカ、日本においても、「大規模デモや抗議集会のためのコミュニケーション手段」として活用されるようになった。市民は「代表制民主主義が機能不全を起こし、政府が国民の利益を考えずに政権を運営していることへの反対の態度表明を、選挙での獲得票数や政党支持率といったような疑わしい数字に還元されることにも反対しながら」行ったとされる。つまり、ソーシャルメディアは、「もはや大衆社会的なコミュニケーション・ツールではなく、〈国家に抗する社会〉のための情報兵器として機能している」とまでいわれているのである [16]。

■ ネット社会の飛躍的発展と既存メディア

以上のようなソーシャルメディアに代表されるネット社会の飛躍的発展の結果、今日においては、個人であっても社会に対し、様々な情報を伝え自らの意見を発信することができるようになっている（前述のUGC）。たとえば、梅田望夫によれば、従来はテレビ局だけの特権だと考えられていた映像コンテンツの制作・配信能力も、パソコンやその周辺機器、さらにはインターネットの基本機能の中に組み入れられ、「テ

レビ局だけの特権ではなく誰にも開かれた可能性」になった[17]。以前は、このような映像コンテンツの制作・配信ができるようになるためには、「テレビ局や新聞社などの組織を頂点とするヒエラルキーに所属するか、それらの組織から認められるための正しい道筋を歩むしか方法はな」く、それゆえに既存メディアに権威が生まれたのであったが、今や、その前提が根底から崩れているのである。

　また、梅田は、「在野のトップクラスが情報を公開し、レベルの高い参加者がネット上で語り合った結果まとまってくる情報のほうが、権威サイドが用意する専門家（大学教授、新聞記者、評論家など）によって届けられる情報よりも質が高い」という予感が「多くの分野で現実のものとなり、さらに専門家もネット上の議論に本気で参加しはじめるとき」、既存メディアの権威が揺らぎ、「『プロフェッショナルとは何か』『プロフェッショナルを認定する権威とはだれなのか』という概念」が革新されていくという。そして、このような「ネット上の新現象」に対し、「メディアの権威側や、権威に認められて表現者としての既得権を持った人たち」は、鋭敏な危機感をもって、「善悪なら悪の方に、清濁なら濁の方に、可能性と危険なら危険の方にばかり目を向け、そこを指摘することで世の中に警鐘を鳴らすのが自分たちの役割だ」という立場をとる。しかし、彼らも、「はじめのうちは、ネット世界の特質とも言うべき玉石混交における「石」の部分を指摘していれば安泰でいられた」が、「『石』をふるい分けて『玉』を見い出す技術が進化してくるのを目の当たりにして、今や『玉』のほうと向き合わざるを得なく」なると指摘している。

第4節 「ネット2.0時代」のメディアと政治

■「集合知」の集約と「一般意思2.0」

　梅田によれば、このような中で「権威ある学者の言説を重視すべきだとか、一流の新聞社や出版社のお墨付きがついた解説の価値が高いとか、そういったこれまでの常識」をすべて消し去り、「『世界中に散在し日に日に増殖する無数のウェブサイトが、ある知についてどう評価するか』というたった一つの基準で」すべての知を再編成しようとしているのがグーグル（Google）である。すなわち、1998年に創業されたグーグルは、「増殖する地球上の厖大な情報をすべて整理し尽くす」という理念を打ち立て、「リンクという民意だけに依存して知を再編成する」という「民主主義」を信奉しているとされる。

　それでは、このように、ネット空間に爆発的に増殖している厖大な情報を「集合知」として集約し、これを民主主義の発展につなげていくことは可能なのであろうか。ここでは、この点についての3人の見解を取り上げたい。

　まず、上述の梅田は、「ネットやブログをめぐる論説の多くに、不特定多数無限大の参加は『衆愚』になるはずだという根強い考え方がある」が、「『エリート対大衆』という二層構造ではなく、三層からなる構造で、この総表現社会を見つめてみる必要がある」とする。

　梅田は、1000万人、すなわち10人に1人ぐらいの、「ブログ空間に影響されて判断し、リアル世界でミクロに『大衆層』に影響を及ぼす」ような「総表現社会参加者」をイメージする。そして、梅田のいう「チープ革命」と「検索エンジン」だけでは、少数の「暇人で能動的な目的意識を持った人たち」の層までしか「総表現社会」の波は及んでいかず、「検索エンジン」の能動性という限界（すなわち、検索をしない受動的な人々の意志等を捉えることはできない）という難問への取り組みは、「ま

だ緒に就いたばかりだ」と結論付けている。つまり、「プロフェッショナルをプロフェッショナルであると認定する権威が既存メディアからグーグルをはじめとするテクノロジーに移行する」ためには、「数百万、数千万という表現者の母集団から、リアルタイムに、あるいは個の嗜好に合わせて、自動的に『玉』がより分けられて、必要なところに届けられるようになる世界」に到達する必要があるということである。

そして、「ネットが悪や汚濁や危険に満ちた世界だからという理由で軽視し不特定多数の参加イコール衆愚だと考えて思考停止に陥ると、これから起きる新しい事象を眺める目が曇り、本質を見失うことになる」と指摘し、「『不特定多数の集約』という新しい『力の目』の成長を凝視し」、その社会的な意味を考えていく必要性を強調している。

これは、次に取り上げる東浩紀が批判する「市民の個人情報を徹底的に収集し分析し、それをもとに最適解を数理的に決定していくような、いわば『データベース民主主義』」[18]の考え方の一つであり、「『群衆の叡智』というスロウィツキー仮説[19]を巡ってネット上での試行錯誤が活発に行われ」てはいるものの、現状では、その最適解を得るための確実な方法が発見されたとはとてもいえず、近い将来にそれが実現するともいえない状況ではなかろうか。

■ ルソーの「一般意思」を捉え返す

梅田がブログ上の情報発信についての「玉石混交問題」の解決を追求するのに対し、上述の東は、「人々の私的で動物的な行動の履歴」としての「可視化された集合無意識」が「公的領域（データベース）」を形作るとの前提の下に、ルソーの「一般意思」を21世紀のコンピューターとネットワークに覆われた情報社会の視点で読み替え、「熟議もなければ選挙もない、政局も談合もない、そもそも有権者たちが不必要なコミュニケーションを行わない、非人格的な、欲望の集約だけが粛々と行われるもうひとつの民主主義」の可能性を説く。

すなわち、東は、ルソーの「一般意思1.0」を「(ネット時代の)総記録社

会の現実に照らして捉え返し、それをアップデートして得られた概念」として「一般意思2.0」と呼ぶ。それは、情報環境に刻まれた行為と欲望の履歴であり、集積であり、人々の集合的無意識であるとともに、「均されたみんなの望み」として「コミュニケーションの外部に数学的に存在」する「集合知」でもある。

そして、そもそも「熟議」という理想の成立が難しい現代社会においては、それを「高らかに掲げるのではなく」、「むしろ『熟議』の内容をあるていど切り詰めたうえで、かろうじて残る『熟議』らしいもの」を育てていくという観点に立って、「公（全体意志）と私（特殊意志）の対立を理性の力で乗り越えるのではなく、その二項対立とは別に存在している、無意識の共（一般意志）を情報技術によって吸い出し」、「統治の基盤を据える新しい国家」として「政府2.0」を捉えるのである。すなわち、「熟議」を必ずしも否定するものではなく、「熟議の限界をデータベースの拡大により補い、データベースの専制を熟議の論理により抑え込む国家」を構想するものである。

■「大衆の無意識」の制御を志す

このように、東自身の「一般意思2.0」は、大衆の無意識に「盲目的に従う」ものではなく、「その制御を志すものとなるべきである」とし、すべての政策審議を「密室からネットに開放し、会議そのものはあくまでも専門家と政治家のものであることを前提としながらも、中継映像を見る聴衆たちの感想を大規模に収集し、可視化して議論の制約条件とする」制度の導入を提案する。

しかし、これについても、東がその著を「あくまでエッセイ」であり、「決して学術書ではない」というように、「一般意思2.0」の測定方法が科学的に確立されているわけではなく、それをどのように構築していくかについては、まだまだ、最終的な結論に達するまでに時間を要する問題である。

また、東が、上述のように、大衆の「無意識を可視化したうえで、そ

の制御を志すものとなるべきである」と述べている点は、そらすことのできない重要な点である。

■「ネット集合知の活用はお粗末」?

西垣通は、その著『集合知とは何か』の中で、ネット集合知を直接民主制に結びつける政治的議論にありがちな「ITを使えば、手っ取り早く人々の合意が得られる」という安易な議論を批判する。「ソーシャルメディアを利用して短期間の意見聴取を行ったのち、所与の政策などいくつかの選択肢を示し、ITを駆使して人々が投票すれば素早く集団的意思決定ができる、といった類い」[20]に対する批判である。

そして、「ネオ・サイバネティカルな考察」から、ITによって人間の心に「明示的な記号は伝達されるが、それらは水面上に現れたほんの一部にすぎ」ず、水面下においては、暗黙知を含む身体・社会的な認知の階層が深奥まで連なっており、これを無視した「ネット集合知を活用して効率よく意思決定をするという企ては、結局お粗末すぎることがわかった」と断定している。そして、情報社会のイメージを変える重要性を指摘し、グローバルでフラットなただ一つの社会の中で、開かれた存在である個人が自在に情報交換できるという通俗的イメージは、「捨て去る」べきであり、かわりに、「ローカルな半独立の社会集団の連合体というイメージ」を持つべきであるとしている。ネット集合知の「第一の使命はローカルな社会集団の中で問題解決能力を高める」ことにあり、「性急な多数決などではなく、多様な価値観を組み合わせ、必要において妥協を求めつつ合意点を見出すような方向」が望ましいとしている。さらに、ネットを介して事実上の討論ができる人数を、「せいぜい数10名から100名ていどではないか」と指摘し、「原理上はソーシャルメディアで何百万人の人々と交信できるといっても、1000人以上がまともに参加し発言するリアルタイムな討論など、到底現実的な話」ではなく、「ある程度ローカルな人間集団での意見交換や、それらの組み合わせにもとづく集合知がもとめられる」ものであるとしている。

■「ネット2.0時代」と今後の民主主義

　以上、見てきたように、「ネット2.0時代」ともいうべき状況の中で、今後、ソーシャルメディアによる新しい民主主義の可能性はあるのであろうか。

　たしかに、グーグルが試みているような新しい検索アルゴリズムの開発により、将来的な「集合知」の集約の可能性、新しい形の「民主主義」に対する期待が高まっていることは事実であろう。しかし、そのような試みも、いくら「ドッグイヤー」だ、「マウスイヤー」だ、などといっても、なお開発途上の段階であるというだけでなく、そもそも、原理的に実現可能なのか、ということさえ危ぶまれる現状である。

　したがって、「集合知」の集約や「民主主義2.0」等の実現は、できたとしても、まだまだ先のことと考えざるを得ない。また、一方で、大衆の単純な声に迎合するだけの「ポピュリズム」、「衆愚政治」を心配する声もある。

　とすれば、インターネットによる多くの声の集約と活用に努めながら、既存メディアに、その本来のジャーナリズムとしての討論を期待せざるをえないということになる。さらに、事実の掌握という点でも、ソーシャルメディアには「玉石混交」とデマの横行等の懸念もなおあり、ニューメディアの代表と言われる「ウィキーリーク」のアサンジでさえ、「不確かな情報の検証はプロの仕事」と言ったといわれる[21]ように、既存メディアでなければ果たせないような役割もまだまだ残っている。

　さらに、山本大二郎は、「ネットだけに頼れば、自分が関心を持っている分野、得意分野の情報に偏りやすくなる。関心を持っている問題も、幅広い視野の中でとらえられてこそ、本当の意味が見えてくることも多い。その点で、視野が狭くなったり、判断に歪みが生ずることはないのか」と批判する。そして、これに対して、新聞の特性は「様々な情報を一度に見ることができる一覧性、ニュース価値などによる情報の整理・加工にある」とともに、「それぞれの問題についてどんな意見、主張が

あるのか、識者や読者の声を拾い、論議の広場ともなっている」と指摘している[22]。

　また、前述の原寿雄が指摘するように、「権力組織を監視し、社会正義を追求するには、恒常的な組織的取材とその積み上げによる総合的な分析がかかせない」ものであり、この点でも、なお、新聞をはじめとする旧メディアに期待がかけられているのである。

■民主主義の発展と新旧メディアへの期待

　さらに、竹下俊郎は、ネットの世界では、「さまざまなイデオロギーや政治的意見の信奉者が、自分と同じ立場の人を容易に発見でき」、その交流は、「バーチャルな連帯を促進し、かつ思想を深化させる」反面、「異なる思想信条を持つ者への反感・蔑視と非寛容を育むかもしれない」という側面も持つとしている[23]。そして「民主主義が適切に運営されるためには、社会の中の多様な利害がそれぞれに尊重されるだけでなく、メンバーが互いに異なる利害を認めあい、社会全体として一定の合意（もしくは妥協）を生みだす必要がある」が、「インターネットが分離と多様性を促す遠心型のメディアであるのに対し、既存のマスメディアは同調と統合に寄与する求心型のメディアであ」り、「新旧のメディアがいかにバランスよく機能し、補完し合うかが、これからの民主主義にとって極めて重要な課題と」なると指摘する。

　以上のようなことから、既存メディアの媒介機能の重要性は当分消え去ることはないであろうし、消えてもらっては困るということとなるのであるが、問題は、上述の原が指摘するように、日本の既存メディアがNHK等を除いて、ほとんどが株式会社であるため、購読者と視聴率獲得の競争に走り、公共性よりも営利追求にどうしても傾きがちであるということにある。このまま放置すれば、今後、既存のメディアが「公共性」を保持することができなくなり、ソーシャルメディア側もそれに取って代わることができないということであるならば、そのような機能を保持させるための方策を社会全体として真剣に検討していく必要があ

る。

　当面、既存メディアは、今後のネット社会において、そのような重要な公共的役割を担っていることを自覚するとともに、素人の「集合知」を軽視することなく、専門家集団としての存在感を高めていくことに活路を見出すべきであろう。つまり、前述したような「argument」の重要性を自覚し、さまざまな政策課題について、分析評価を行い、時間と能力に欠ける一般国民の情報収集力や専門知識、分析力、理解力を補っていくということである。そして、このことこそ、「民主主義」を実現し、わが国の政治を再生していく道でもある。

　2012年1月10日、総務省の「常時啓発事業のあり方等研究会」最終報告書は、これからの常時啓発の目指すべき方向として、「シティズンシップ教育の一翼を担う新たなステージ『主権者教育』」を掲げ、「若者から高齢者まで、常に学び続ける主権者を育てる」ことと、「将来を担う子どもたちにも、早い段階から、社会の一員、主権者という自覚を持たせる」ことの必要性を指摘した。

　今後は、既存メディアとソーシャルメディアがそれぞれの特性を生かして共存しつつ、大衆に迎合せず、むしろ、その政治リテラシーを向上させる主権者教育の観点も踏まえて[24]、国民、住民との双方向のコミュニケーションを行っていくべきであり、そのため、それぞれの現状を根本的に改革していくことが期待される。

　メディアのつくる情報と言論の空間は、民主政治におけるプラットフォームの役割を果たしている。主権者としての国民・住民は、そのプラットフォームにおいて、政党や候補者の政治信条や主張、政策、人物、あるいは、それを選ぶ前提となる国家や社会経済、国際情勢等に関する情報を得るとともに、問題点を巡る議論を知り、さらには、それらを自らも発信し、政治に間接的に、あるいは直接的に参加すべきものである。このような「お任せ民主主議」を脱した直接民主主義的潮流は、ネットの世界でも、現実の政治の世界でも滔々とした流れになってきている。既存メディアもソーシャルメディアも、この潮流を十分認識したうえで、

さまざまな政策に対して本質を突いた「argument」を行い、その成果を国民に提供し、わが国のよりよき情報社会の構築と民主主義の発展に貢献していくことが期待されている。

〔注〕
(1) 西田亮介『ネット選挙 解禁がもたらす日本社会の変容』東洋経済新報社、2013年
(2) アーネスト・バーカー（足立忠夫訳）『現代政治の考察──討論による政治』勁草書房、1968年。寺島俊穂「議会」古賀敬太編『政治概念の歴史的展開 第6巻』晃洋書房、2013年
(3) 植田一三・妻鳥千鶴子『英語で意見を論理的に述べる技術とトレーニング』ベレ出版、2004年
(4) 井上奈良彦『ディベート入門』九州大学HP、2011年改訂
　　http://www.flc.kyushu-u.ac.jp/~inouen/intro-debate-inoue2.pdf
(5) 井洋次郎他『英語ビジネススピーチ実例集』ジャパン・タイムズ、2000年
(6) 谷藤悦史『現代メディアと政治』一藝社、2005年
(7) 原寿雄『ジャーナリズムの可能性』岩波新書、2009年
(8) 竹下俊郎「メディアと政治」蒲島郁夫・竹下俊郎・芹川洋一『メディアと政治』有斐閣アルマ、2007年
(9) 内山融「マスメディア、あるいは第四権力？」佐々木毅編『政治改革1800日の真実』講談社、1999年
(10) 拙著「参議院改革と政治教育」経団連・21世紀政策研究所『日本政治における民主主義とリーダーシップのあり方』2013年
(11) 佐々木俊尚『マスコミは、もはや政治を語れない』講談社、2010年
(12) 津田大介『ウェブで政治を動かす！』朝日新書、2012年
(13) マーティン・ファクラー『「本当のこと」を伝えない日本の新聞』双葉社、2012年

(14) user-generated content（ユーザー作成コンテンツ）。プロの作り手ではなく、一般の人々によって作成されたさまざまなコンテンツの総称。特にブログ・SNS・Wikiなどに書き込まれた文章、ファイル共有サイトにアップロードされた画像・写真・音声・動画・アニメーションなどのオンライン・コンテンツをいう（『情報システム用語事典』）。

(15) アプリケーションプログラミングインターフェース / Application Programming Interface 「あるコンピュータープログラム（ソフトウェア）の機能や管理するデータなどを、外部の他のプログラムから呼び出して利用するための手続きを定めたもの」（IT用語辞典「e-Words」）

(16) 和田伸一郎『国家とインターネット』講談社選書メチエ、2013年

(17) 梅田望夫『ウェブ進化論』ちくま新書、2006年

(18) 東浩紀『一般意志2.0 ──ルソー、フロイト、グーグル』講談社、2011年

(19) 「個」が十分に分散していて、しかも多様性と独立性が担保されているとき、そのような無数の「個」の意見を集約するシステムがうまくできれば、すぐれた個人や専門家よりも、集団の価値判断の方が正しくなる可能性があるという、スロウィツキーが2004年に『Wisdom of Crowds』で述べた仮説（梅田前掲書による）。

(20) 西垣通『集合知とは何か』中公新書、2013年

(21) 津田前掲書

(22) 山本大二郎『日本の危機の正体──憲法・政治・メディアの視点から』読売新聞社（電子出版）、2012年

(23) 蒲島他前掲書

(24) 前掲拙著

第2章

ネット時代の情報読解力と表現の自由

「手書き」から「サイバー」まで

■

加藤孔昭　かとう・よしてる

早稲田大学メディア文化研究所招聘研究員。1942年、東京生まれ。早稲田大学政治経済学部卒。読売新聞入社。政治部、調査研究本部主任研究員。慶応大学大学院、北海道大学大学院非常勤講師。早稲田大学大学院公共経営研究科客員教授。帝京大学法学部教授（憲法政治）。編著に『憲法改革の論点』（2000年、信山社出版）。共著に『実践ジャーナリズム読本』（2002年、中央公論新社）など。

本章の主張

　「表現の自由」の価値は不変である。生き生きとした言論空間は、民主主義の原点だ。情報が主役となった21世紀。その重みはさらに増している。

　反面、IT技術は日進月歩。氾濫する様々な情報。法整備や人の意識も追いつかない。コンピューターを技術的にコントロールするはずの人材養成も遅れている。表現の自由を取り巻く環境は激変した。

　どのように情報を利用していけば、我々の生活は豊かになるのか。「解」はまだない。ポイントは、ネット、既存メディアを通じて、情報の読解力であると考える。必要な情報を識別・評価し、活用する能力である。

　この「メディアリテラシー」（以下メディア読解力と訳す）を習得するには、一定の知識・教養が欠かせない。その方法とは？

第1節　学力底上げはできるのか

■ 大学生を教えて実感したこと

　若者の文字、活字離れが指摘されて久しい。2013年3月まで、大学教員を務めていた。実際の教育現場でそのゆがみを痛感した。新入生にレポートを書かせても誤字脱字がひどい。漢字も満足に読めない学生が多い。彼・彼女たちが将来を担っていくのだ。このまま、もし社会人として巣立って行くとしたら──。親になったとき、子どもにどのように教えるのだろう。一定の教養・知識がないと、表現の自由も生かせない。

　それにはメディアリテラシー（読解力）が欠かせない。その習得には、ネット時代であるからこそ、読書と新聞が両輪であると考える。基本はあくまで文字、国語力である（**表**参照）。

　ネットには功罪がある。便利で手軽なので、ネット依存という「生活習慣病」が発生する。100人の学生に「新聞を読んでいる人？」と聞くと、大体数人である。同様の傾向は大学一般に共通する。最近では、新聞を読まない、テレビも見ない、パソコンも開けない。スマホとタブレット端末で済ませるケースも多い。本や新聞を読まないから、国語力が低下したのかどうか。中学、高校の教育方法にも原因がありそうだ。

　その分析は多岐にわたるであろうから、ここでは試みない。新聞の宅配制度がこれまでに日本人の識字率の向上・維持に貢献してきたことは定説だ。他国にはみられない日本の大きな特徴である。

　しっかりした文芸作品（哲学書は求めない）をじっくり読むことが、国語力、学力の向上には一番である。入学前学習による学力補充の試みもある。AO入試で入学が10月ごろに内定した学生を対象に、課題図書（例えば『菊と刀』）を何冊か指定する。翌年4月の正式入学まで時間があるので、感想文を提出してもらう。有名図書は荒筋、書評がパソコン検索で可能なことが問題である。実際に読んだかどうか、そのチェック

は難しい。

　入学してからも読書する学生は少ない。中堅大学の常勤教授としては工夫が求められる。平均的大学生であるからこそ、学力の底上げが欠かせない。手軽に取り組める方法として、適当な新聞の切り抜きをコピーして音読してもらうことにした。70行から長くても100行程度の記事を選んだ。

　学生は最初、しり込みする。「声に出して読むと、脳が活性化するんだよ」という脳科学者の説を受け売りして説得する。「読めない漢字があったら先生が教えるから。恥ずかしくないよ。そのために先生がいる

表　新聞閲読頻度と総合読解力の相関関係

国名 都市名	新聞閲読の頻度(%)					総合読解力平均点				
	全くない or ほとんど ない	年に 2～3回	月に 1回程度	月に 数回	週に 数回	全くない or ほとんど ない	年に 2～3回	月に 1回程度	月に 数回	週に 数回
日本	21.7	9.2	11.5	19.7	37.8	492	517	524	533	530
上海	6.7	8.3	13.8	25.0	46.0	512	535	539	559	570
韓国	19.4	18.8	16.4	20.7	24.2	509	538	534	551	560
フィンランド	2.9	6.9	14.6	28.5	46.3	493	520	530	533	545
香港	4.0	4.3	7.5	23.2	60.8	496	502	524	534	539
シンガポール	2.9	6.0	7.6	24.1	59.3	495	496	511	531	531
カナダ	16.6	16.4	18.7	25.2	22.4	509	524	529	531	531
オーストラリア	13.1	15.3	17.6	26.9	26.4	501	511	517	522	523
米国	25.5	19.6	17.3	20.6	16.1	487	507	508	508	498
フランス	21.0	16.0	15.9	21.2	25.1	470	504	504	506	503
ノルウェー	6.5	7.2	12.8	25.7	47.3	461	489	499	501	515
スウェーデン	6.8	7.9	13.5	26.4	44.5	430	472	485	505	515
OECD平均	12.7	11.0	13.7	23.8	38.0	469	486	494	501	500

（注）OECDの調査によると、子どもたちの総合読解力と新聞の閲読頻度に相関関係がある。日本の場合、『週に数回』と回答した者の得点が533点と高く、頻度が下がるにつれ得点も落ちている。「全くない、ほとんどない」は492点。各国とも同一傾向がみられる。
　上記の読解力調査は2009年が最新。学力到達調査は2012年が数学的リテラシー、2015年には科学的リテラシーがメインテーマの予定。
　調査対象は義務教育が終わる段階の15歳の生徒。
　　　　　　　　　　　　　　出典：OECD「生徒の学習到達度調査〈PISA〉」2009年

んだよ」。

「聞くは一時の恥。聞かぬは一生の恥」などと古典的な警句を持ち出すこともある。やっと読んでくれる。

宮内庁（くないちょう）と読める学生は少ない。大半が「みやうちちょう」である。国会の「与野党協議」は「よのとうきょうぎ」となる。絶対に笑ってはいけない。学生のプライドを傷つけることがあると、音読だけでなく、講義そのものから逃げてしまう。丁寧に根気よく指導することである。

■ 私学のオス、早稲田大学

さすがにギョッとすることもある。日経新聞の大学ランク調査の記事を読ませたときだった。「私学のオス、早稲田大学」。「私学の雄」も「シガクのオス」に格下げにされてしまう。教育現場の実相である。

筆者が勤めていた大学は、学力が大学全体の真ん中くらいであろうか。一流国立大学の教授と意見交換する機会もある。

最近の学生は「今上天皇（きんじょうてんのう＝現在の天皇）」と読めないことが多い。「いまがみてんのう」になってしまうと嘆いていた。国語力の低下は、若者全体の傾向なのである。

大学入試の国語問題の出題者も務めていた。漢字の書き取り問題を2問作成する。採点も担当する。同じ出題者の同僚教授と話し合うと共通点がある。

漢字の出来が良い受験生は、国語全体の成績も良い傾向が顕著だったことだ。漢字力は読書習慣に比例する。

■ ネット依存——人との付き合いが下手

2012年8月の厚生労働省研究班調査によれば、スマホやパソコンのネット依存が全国の中高校生で約52万人と推計される。中高生全体の8％にあたる。調査対象は、264校の無作為抽出（約7割の約10万人が回答）だから、実際に依存症はもっと多いと考えられる。

使用時間は最長が高校生女子で「休日で5時間以上」が22％、同男子が21％、中学男女はともに14％だった。2008年の大人を対象にした調査では、大人の依存度は2％程度だったから、中高校生は4倍である。「眠りの質が悪い」「午前中に調子が悪い」と健康や生活面でも悪影響が出ている」（朝日新聞2012年8月2日朝刊）。調査はさらに精査する必要があろうが、筆者に言わせると、かなり深刻な数字である。
　大学の講義が終わったとき、一人の男子学生が来て言う。
「先週の講義に出れませんでした。先週分の資料をくれませんか」
「いま持っていないよ。急ぐのなら、友達にコピーさせてもらったら」
「僕、友達いないんです」
　ショックである。大学生活の第一は学業習得。それに劣らず大切なことは、友人、心を打ち明けることのできる親友を得ることではないか。学生時代の人脈は、その後の人生にも大きい財産である。
　前記の厚労省調査は、中高生対象であった。近い将来、大学生になったとき、何割かの学生は自宅に引きこもってスマホ相手の時間を引きずっていくのだろう。
　メールやチャットには相手がいるわけだから、コミュニケーション（意思疎通）に事欠くわけではない。友情のツールが変わったとみるべ

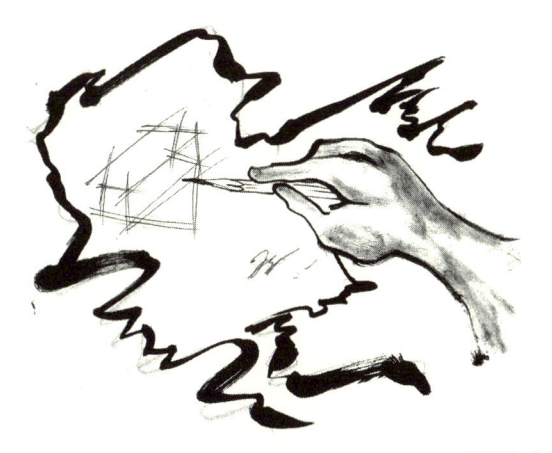

イラスト：加藤卓郎

きか。ネット時代の一断面なのだろう。

　先の学生も、ネット依存なのかどうかは分からない。他人とコミュニケーションを取ることが苦手なことは間違いなさそうだ。意思疎通の基本は、面と向かっての会話である。そこで相手の考え方を聞き、自分の意見を述べる。相手の言い分を理解し、自分の考えも分かってもらう。そこでコミュニケーションが成立する。

■ 必要な学力習得に2年間は必要

　まず、自分の意見を相手に理解してもらうことが出発点である。

　論理的で説得力ある説明が下手な学生が多い。「論理力」思考に役立つものの一つに、文章を書かせる練習がある。文章でその主張が明解に書けていれば、頭の中が整理できているはずであるから、プレゼンテーション（意見発表）も分かりやすい。入社、採用試験に論文テストが課されることもある。就活訓練にもなる。

　専修大学文学部教授で人文・ジャーナリズム学科長を務める山田健太は、学生に強制的に新聞を読ませている。読まなければ単位を出さないと学生を叱咤しているという。約100人の学生のうち、6、7割は新聞を読んでいるというから、数人の新聞読者しかいない他大学と比べると、驚くべき超高打率である。

　「それでも2年かかります」。国語力や一般教養を身につけさせ、就活で競争できる学力を取得させるには、そのくらいの時間が必要なのだ。同感である。

　筆者は1、2年生の基礎教養演習などでは、文章を書かせていた。適当な新聞記事を選んで人数分をコピーする。400字詰めの原稿用紙を1、2枚配る。400字なら30分、800字なら60分が制限時間である。

　記事を読んでもらい、要旨200字、所感を200字でまとめなさい、と指示する。制限時間を過ぎた学生には時間延長する。「時間内には書けない」という、ある種の脅迫観念を持たせてはならない。楽しく学べると実感してもらうことが大切だ。

最初、学生は要旨と所感の違いが分からないことが多い。要旨は記事が言いたいこと、訴えたい中身をコンパクトにまとめること、所感は記事を読んだ後のあなた自身の感想である、と説明する。それでも混同することがある。重ねて説明する。

■ 根気が肝心、一歩一歩の前進

ごちゃごちゃだった作文が3回、4回と続くにつれ、さまになっていく。なかには所感の中で、部分的に、さらには記事の主張自体に賛成できないとコメントする学生も出てくる。明らかにワンランクアップしたのである。メディアリテラシーが身についてきたわけだ。

正規の期末試験では、携帯、スマホは持ち込み禁止である。筆者の授業ではすべて使用を許可している。学生の生活の一部になっているものを、使わせないのは現実的ではない。携帯をみても役に立たない、記憶力勝負ではなく、自分の頭で考えなければならない問題を出せば良いのである。

誤字・脱字は一か所マイナス5点と言ってある。携帯は漢字検索には使える。携帯を見て、正しい漢字が書けるようになれば、目的は達成される。

■ いつの間にかボキャ貧に

高校の時、漢字検定準2級に合格した学生が時々いる。授業で準2級の漢字問題を出すと70点しか取れない。80点で取得だから、不合格である。受験勉強では頻繁に使っていた漢字を大学では使わなくなる。漢字も言葉も使わないと退化する。気付かないうちに、ボキャ貧（語彙不足）になっている。思い出させながら一歩一歩前に進む。

教育とは「愛情と根気（体力）」であるとつくづく思う。

メディアリテラシーも「表現の自由」も一朝一夕にはならないのである。正直言って3分の1が底上げできたかどうか。

国語力の低下は、大人も例外ではない。パソコンでワードを使うよう

になってから、明らかに漢字力は落ちた。「ゆううつ」と打てば「憂鬱」と変換してくれるから、手書きではすぐには書けなくなっている。2010年11月、常用漢字が29年ぶりに改定された。漢字は今や書くものというより打つものと主張した文部科学相の諮問機関・文化審議会の国語分科会委員も多かった。基本は「手書き」とはされたものの、趨勢は「打つ派」であろう。画数の多い「鬱」が採用されたことがこれを物語る。

誤変換しても、元の正しい漢字・表現を知らなければ、過ちにすら気づかない。これはさらに深刻な問題だ。

第2節　ネットとの付き合い方

■ 断デジはできるのか

2013年8月4日付け朝日新聞朝刊に面白い記事が出ていた。IT漬けの30代働き盛りの現役新聞記者（社会部系らしい）が「携帯、パソコンを1週間断ってみた」。その断デジ体験記。

断つのは、仕事用のスマホと私用携帯、テレビ。「公衆電話か固定電話を使い、スマホには出ない。メールは読まず、ニュースもみない」。記者は次第に不安に追い詰められていく。公衆電話が見当たらず、定時連絡に失敗。取材した児童虐待問題の記事は締め切りに間に合いそうもない。担当部長から「この取材に限りデジタルOK」のお達し。手書き原稿にも挑戦したものの、5倍の時間がかかった。

「断デジ」は失敗だった。それほど、仕事や生活に手放せない存在になっている。

記者活動を一つの事例として、アナログ⇒デジタルの今昔を比較してみよう。表現の自由（報道の自由）を実践していることに変わりはない。

筆者が30代のころ、読売新聞政治部の現役記者だった。40年ほど前のことである。スマホどころか、携帯、パソコンなどない。ワープロも

テープレコーダーも使っていない。政治家への夜討ち・朝駆け（早朝、深夜の自宅取材）は、政治家の微妙な言い回し、表情をどう読むか——記憶力の勝負である。この点に変わりはないかもしれない。

■ 10円玉の量が勝負だった

　ニュースがあるときは、近所の公衆電話に飛びつく。連絡、送稿用の10円玉を山ほど持っていることが記者の常識だった。朝日「断デジ」の記事に「手書き原稿」のくだりが登場する。初報を送る取材現場は、本社から離れているわけだから、手書きする場所、時間はない。記憶を甦らせたわずかなメモが頼りの"勧進帳"である。頭の中で原稿を作り上げ、デスクや泊まりの記者に公衆電話で吹き込む送稿方法である。

　現在は記者全員に割り当てられたパソコンで送る。モバイル通信用の機器でネットに接続すれば、メールで、例えば走行中の新幹線の中からでも送稿できる。原稿を受けた側が手直し、体裁を整えて、整理部（編成部）に提稿することは共通する。

　「勧進帳」送稿は、若い層には死語化していると思うので、簡単に説明しておく。語源となった勧進帳は歌舞伎十八番の一つ。兄・源頼朝に追われた源義経は、弁慶らわずかな家来とともに奥州に落ちる。途中、安宅の関（石川県）で身元糾明のピンチに遭遇する。弁慶は東大寺再建のための勧進（寄付集め）をしている、と釈明。白紙の巻物を勧進帳に見立て、読み上げる。この機転により、窮地を脱する。勧進帳送稿のいわれである。

　一線で仕事をしている現役の記者に聞いたところ、勧進帳送稿はまれにあるらしい。例えば国政選挙の各党党首の第一声取材。次々と変わる演説会場への追いかけ取材なので、パソコン送稿もできない。

　手書き原稿は、新人記者の訓練にだけ使うそうである。一刻を争うニュース原稿以外の企画、コラム原稿では少数の年配記者が好んで使っている。

　記者会見も、パソコンのブラインドタッチで処理している。それで、

ニュース価値を判断することが同時にできるのであろうか。時々は手書き原稿の苦しみを知ることも必要ではないか。一対一の差しによる直接取材よりも携帯や携帯メールによる取材が主力になっている。

■1週間に最低1日は断デジを

2013年8月10日付けの読売新聞朝刊に、別の視点から「ネット断食」を勧めた記事が掲載されていた。「ネット断食で休日穏やか」「広がるSNS疲れ」「電源切り読書や散歩」。仕事でネット漬けになっている45歳の会社員の例が掲載されている。5泊6日の旅でネット切りをした。「旅行では、ここ数年経験したことがない、のんびりした時間を過ごせた」そうだ。

ネット断食は、ここ数年前から米国などで広がり始め、最近、日本にも波及してきた。SNS（social networking service）は便利だが、面識のない相手とのやり取りには気疲れもある。ストレスがたまりがちだ。異なった環境は新しいアイデアを生み、仕事にも好影響を与える。

数時間の試みでは効果はなく、休める週末にせめて1日だけでも、がお勧め。断食中は友人や職場の同僚に前もって伝え、緊急連絡以外は連絡を控えるように頼んでおく。「ネット断食」が可能なこと自体、恵まれたケースといえるかもしれない。仕事にプラスなことが分かれば、多方面で断食が見直されるだろう。追い立てられるような日々を送っている人こそ、ゆっくり立ち止まって振り返る時間が欲しい。

■政府もネット依存対策？

政府は2014年度から、文部科学省がネット依存の調査・研究費を計上するそうだ（2013年8月24日、読売新聞夕刊）。

2005年には、文字・活字文化振興法が施行された。

新学習指導要領は、小学校が2011年4月、中学校が2012年4月、高校が2013年度新入生（理・数は2012年度入学生）から実施された。いずれも文字・活字を学習に生かすように強調している。

高校の指導要領・解説書によると、各教科、科目における新聞などの活用が挙げられている。「国語総合」の目標には、「国語を適切に表現し的確に理解する能力を育成し、伝え合う力を高めるとともに（後略）」とある。論理的文章として論説記事が、実用的な文章には報道記事が例示されている。

　要約すれば、文章がきちんと書ければ、お互いのコミュニケーションもでき、将来、社会人として自立・協調できるということであろう。重ねて言及する。ネット時代であるからこそ、基本は、文字・活字に軸足を置いた国語力にあると思う。

　小6、中3全員を対象にした2013年度の学力テスト。文部科学省は「学力の底上げはできた」としている。今回初めて「無解答」の理由を尋ねた。「『問題文の意味が分からなかった』とする子供が多いことに注目したい。設問の難易以前に学習の基本である『読解力』をどうつけるかが課題となる。また中学の国語では、答えを文章で書く問題だったので、無解答というのもあった」（2013年8月28日、毎日新聞社説）。

　読み取り、書き込む表現力不足は明白だ。

第3節　表現の自由の根底にあるもの

■ 表現の自由をおさらいする

　表現の自由の意味を理解し、生かしていくには、メディアリテラシーが重要であることを述べてきた。表現の自由を規定する憲法第21条をおさらいする。表現の自由の基本情報でもある。

　「表現の自由」とは、簡約すれば「言いたいことを勝手に言えること」である。民主主義の大前提でもある。基本的人権の類型の中でも、最上位に位置づけられている精神的自由権の一つだ。対象は言論活動にとどまらない。教科書的にいえば、「思想・信条・意見・知識・事実・

感情など個人の精神活動にかかわる一切の伝達に関する活動の自由」（佐藤幸治『憲法〔第3版〕』2004年、青林書院）である。「言いたいこと」を外部発信した結果、相手を傷つけることもあり得るから、プライバシー保護との関係で、制約はある。訴訟例を引用しながら後述する。

憲法条文は次の通り。

　第21条　集会、結社及び言論、出版その他一切の表現の自由は、これを保障する。
　②検閲は、これをしてはならない。通信の秘密は、これを侵してはならない。

■ 自己実現と自己統治

表現の自由の価値は2つである。「自己実現」と「自己統治」だ。憲法用語なので、初耳という方もおられるだろう。若干、説明する。

自己実現とは、表現することによって、自分自身の人格や知識、教養を高めていくことである。例えば、友人と自由に意見交換する。直接でもメール交換でも構わない。自分にはないものの見方、考え方、発想法を学ぶ。共感できる部分は意見を取り入れる。切磋琢磨して議論に厚みが増していく。自分が成長したことを感じたとき、喜びはさらに増す。

自己統治とは、政治に参加する際の情報入手の自由である。政党や候補者の政策や人柄を知らなければ、判断材料がない。ネットなどを通じてお互いの情報交換を生かし、政治的意思形成に参画する意味も持つ。2013年7月の参院選で解禁となったネット選挙運動。若者層に期待されたのが、自己統治の充実であった。趣旨は十分に浸透したとは言えなかった。初のケースであるから、今後は公選法改正や周知活動、選挙運動自体の手直しを通じて工夫されると思う。

自己実現、自己統治の価値は、いずれも自由なコミュニケーションで生かされる。1対1でも複数同士でも可能である。ネットの普及で様々な手法が可能になった。自分の意見が自由に発信でき、流通できることが前提で、これを「思想の自由市場」という。

理屈っぽい憲法理論をおさらいしたのは、メディアの将来像を考えるにあたって、原点に立ち返って整理していくことが、必要ではないか、と考えたからである。

■ 情報の価値判断は誰がするのか

今は、情報が垂れ流し状態なので、むしろおおまかな整理・体系化が望まれる。新聞など既存メディアが編集方針によって、ニュースを価値判断し、順位をつけて、読者に提供することに一部のネット派から反発もある。「新聞社が価値判断することは押しつけではないか。価値判断は我々がする。既存メディアは生ニュースだけを流していれば良い」。

ネット上の自由な意見発出は尊重しなければならない。しかし、多種多様な考え方・見方をネットは集約し切れるのか。学生の中からは、氾濫する情報の何が事実なのか、何を信じればいいのか分からないという声を聞く。

記者が事実関係の裏付けをとり、情報を提供することができるのは、新聞、テレビ、出版である。無料でお手軽なネットニュースは新聞、通信社からの配信によるものだ。新聞社が情報を価値判断して提供することはサービスでもある。その価値判断を批判・疑問視することは構わない。それがメディアリテラシーであるからだ。

タダで見たお手軽ニュースは雑談ネタにしかならない。掘り下げた真の情報に接して成長して欲しい。

■ 個人情報とプライバシー

個人情報とプライバシーはどう違うのか。混同されて使われるケースがあるので、筆者なりに整理しておく。両者は重なる部分はあるが、完全に一致するわけではない。

名前、生年月日、性別、住所は基本的に個人情報である。それぞれが個別に所有するものの、全員が同じように持っている。管理番号のようなものだ。プライバシーは100人の人間が存在すれば、全てが異なる。

その数だけあると言ってもいい。例えば、失恋の経験を気軽に話す人もいれば、絶対に知られたくない人もいる。後者にとって、失恋は知られたくないプライバシーである。普通の人にとってはなんでもない生年月日でも、年を知られたくない女優にはプライバシーである。

　状況、局面によって、考え方は変わる。個人の思想・信条は内在的な領域にとどまる限り、絶対的に自由が保障される。頭の中で考え、胸の内に秘めていれば、他人の干渉は一切受けないということだ。一例をとれば、江戸時代の隠れキリシタンに対する踏み絵は、思想干渉の最たるものだ。

　政治家はどうか。立候補したさい、思想・信条が分からなければ、有権者は投票の選択ができない。プライバシーもその範疇に入る場合が当然考えられる。したがって、例外となる。思想・信条を全面に打ち出して訴えることが必要な条件である。

　病歴はどうか。過去、癌にかかったことがある人。再発の不安を感じているケースでは明かされたくない事柄だろう。就職のさいは採用に不利になることも多い。反面、生命保険に入るときには、病歴は明確にせざるを得ない。保険料に差がつくからだ。病歴を隠して保険に入ったことが明らかになれば、解約されることもありえる。センシティブ（機微）情報も公開情報になることがある。

■『宴のあと』裁判でのプライバシー

　プライバシーの権利は、1890年代以降、アメリカで主張され、認められてきた法概念だ。初期には「そっとしておいてもらう権利」（a right to be let alone）と説明されてきた。この定義は、個人の保護領域についての妨害を受けないことを概括的に述べたものに過ぎなかった。

　わが国では、人格的生存に不可欠の利益の一つと位置づけることが通例である。判例でも「私生活をみだりに公表されない保障ないし権利」（『宴のあと』事件判決）とした。日本でプライバシーという表現が知られるようになったのは、1961年に提訴され、1964年に東京地裁で判決の

あった『宴のあと』裁判だった。

表現の自由VSプライバシー保護の図式となる訴訟だった。

元外相・東京都知事候補の有田八郎が、作家・三島由紀夫の小説「宴のあと」が自分のプライバシーを侵すものとして、三島と版元・新潮社を訴えた。要求したのは損害賠償100万円と謝罪広告。有名人同士の裁判であるうえ、小説には有田のさまざまな私生活も描かれていたので、耳目を集めた。判決は有田側のほぼ勝訴で、三島側に80万円の損害賠償が命じられた。

三島は控訴したが、1965年3月、有田が死去。有田の遺族と三島・新潮社の間で和解が成立した。

■ プライバシー侵害4つの要件

この際の判決は、その後の同種訴訟にも影響している。骨子を紹介しておく。石田哲一裁判長は「言論、表現の自由は絶対的なものではなく、他の名誉、信用、プライバシー等の法益を侵害しないかぎりにおいて、その自由が保障されている」との判断を示し、プライバシー侵害要件として次の4点をあげた。

①私生活上の事実、またはそれらしく受け取られるおそれのある事柄であること。

②一般人の感受性を基準として当事者の立場に立った場合、公開を欲しないであろうと認められる事柄であること。

③一般の人にまだ知られていない事柄であること。

④このような公開によって当該私人が現実に不快や不安の念を覚えたこと。

プライバシーは「私事権」「平穏権」といわれていた。最近では、「静かにしておいて欲しい」という考え方から、個人情報を訂正・削除できる自己情報コントロール権、情報プライバシー権といった積極的な概念が主流になってきている。

単に「私事権」では、今日的意味を捉えていない。プライバシーの適

訳は見つかっていない。難しい概念である。

■ 世論とは風である

インターネットが浸透し、SNSの利用が一般化する中で、想起した事象がある。ウォルター・リップマン（Walter Lippmann, 1889-1974、米ジャーナリスト）の著作『世論（よろん）』の指摘とネットが作る世論との間に共通点があるのではないか、ということであった。同著は1922年に刊行された（日本版は岩波文庫上・下巻。掛川トミ子訳、1987年第1刷発行。上巻は2013年時点で23刷、下巻は2012年時点で21刷）。執筆から1世紀余、現在もベストセラーであり、ジャーナリズム研究必読の書として、筆頭にあげられる。

リップマンは、ハーバード大学生時代、友人から「将来の大統領」との評価を受けたほどの存在であった。予想に反してジャーナリズム界を選択した彼は「20世紀最大のジャーナリスト」と讃えられている。エリートによる民主主義の否定ではないか、との一部批判もある。「衆愚に対する諦観の哲学」との評もある。批判を差し引いても、メディアと国民の関係を分析した名著であることに変わりはない。

キーワードは「擬似環境」と「ステレオタイプ」だ。双方ともリップマンの造語である。

この2つの概念とインターネットの持つ特性、問題点ともいえるものに包括的な類似点があるのではないか、と考えた。民主主義とジャーナリズムとの関係には「世論」の持つ特質と大衆心理が深く関わっている。この点に関しては、変わらないベクトルがあると感じたからだ。

世論とは風である、と考える。無視はできないが、絶対的で固定的なものではない。時々の国民の気持ちを図るメルクマールである。風は春のそよ風であることも、暴雨風として牙をむくこともある。風の虚実を知るためには、以下の比較研究が手掛かりになると思う。

■ 人間には誰にも「思い込み」がある

　小論を準備するにあたって、何冊かのネットに関する著作を読んだ。そのうち、『閉じこもるインターネット——グーグル・パーソナライズ・民主主義』（イーライ・パリサー著、井口耕二訳、2012年、早川書房）を『世論』との比較材料とした。パリサーのキーワードは「フィルターバブル」である。

　キーワードを簡単に説明する。

　擬似環境とは、育った環境などに基づく「思い込み」であり、この擬似環境が現実環境に影響する。ステレオタイプとは、抜き難い固定観念である。人間が情報に接したさい、いかにこの2つによって情報が左右され決められていくのか。間違った思い込みや固定観念が世論を形成していくのか。ステレオタイプは、理解したと思い込んだ内容が極度に観念化され、強力な情緒的感情に支配される現象である。冷静な客観的事実を容易には受け入れようとしない。

　『閉じこもる』は、「閉じ込められるネット利用者」といった表現の方が適切ではないか。「フィルターバブル」もパリサーの造語である。「新しいインターネットの中核をなす基本コードはとてもシンプルだ。あなたが好んでいるらしいもの、（中略）を観察し、それをもとに推測する。これが予測エンジンで（中略）このようなエンジンに囲まれると、我々はひとりずつ、自分だけの情報宇宙に包まれることになる。わたしはこれをフィルターバブルと呼ぶ（後略）」（同著P.19）。

　この結果、パリサーは3種類の問題に直面すると指摘する。

　①ひとりずつ孤立する。
　②フィルターバブルはみえない。
　③バブルにいることを主体的に選んだわけではない。自ら選択することがない。

　リップマンとパリサーの比較は時代背景が全く異なるので、これは筆者の試論である。

主体性がないまま、自己の立ち位置が決まってしまうこと、ステレオタイプや、パーソナライズを経たフィルターバブルの中にいることさえ、本人が気づいていないケースが多いことは、時代を超えて共通するのではないか。2013年参院選の「自民大勝」という各種事前世論調査の結果を思い起こすのは飛躍的に過ぎる反応だろうか。

　リップマンは、「思い込み」の解決策として「教育」をあげている。今日的にいえば、メディアリテラシーであると筆者は解釈している。「メディアの読解力」と訳しているものである。氾濫する情報を主体的に読み解いて必要な情報を引き出し、活用する能力のことだ。フィルター（濾過装置〈筆者仮訳〉）は誰もが内在させている。フィルターの虜にならないこと、それがネット、既存メディアを通じた読解力である。

　両者の比較は、ネット批判が主眼ではない。ネットにも問題点があることを認識したうえで、使いこなして欲しいという趣旨である。ビッグデータの活用は、官民を問わず、常識化している。反面、IT企業の競争は熾烈だ。ネットの特質を踏まえないまま、関連企業が営利だけに軸足を置き、社会的存在であることを軽視することになれば、方向性を間違える可能性がある。一つの警鐘と受け止めて欲しい。

第4節　国益と表現の自由

■ インテリジェンスとサイバー攻撃

　ここ数年で、表現の自由を取り巻く環境は大きく変わった。
　その典型が、サイバー攻撃だ。国と国、国と実体不明の組織、不明同士の戦い。IT設備への妨害工作だけにとどまらず、安全保障政策まで抜き取られる。その大掛かりな攻防はサイバー空間を駆け巡る。情報戦の時代である。その勝敗は、国家の死命を制する。
　政府組織や基幹産業だけが標的ではない。新聞はじめ既存メディア、

ソーシャルメディアも被害が絶えない。

日本政府には情報が抜き取られた可能性を指摘されても、対策を取ろうとしなかった中央省庁もあった。サイバー攻撃には極めて鈍感である。

「100％のセキュリティと100％のプライバシーは両立しない」（オバマ米大統領）。米政府は、グーグルやヤフーなど大手IT企業を利用して関係情報を収集していた。友好国首脳に対してさえ、盗聴が指摘されている。報道の自由や個人情報、プライバシーの保護か、テロ防止という国益を優先するのか。バランスの取り方が極めて難しい問題である。ウィキリークスや元CIA職員の内部告発問題も絡む。

我が国では、国家機密の漏洩を防止する目的の「特定秘密保護法」（2013年12月成立）をめぐって議論が続く。公務員が漏らすと厳罰が科せられる「特定秘密」の範囲はどこまでなのか。

何が「特定秘密」に指定されるのか。これが不分明では、実体不明の「透明人間」のような法律になるのではないか。恣意的な指定も懸念される。国会の監視機関はできるのだろうか。

こうした状況下で、報道の自由（表現の自由）は具体的にどこまで担保されるのか。メディアの監視機能が逆に試される局面もありそうだ。

「機密」と「知る権利」との均衡という、きちんとしたルールが不可

イラスト：加藤卓郎

欠なことは当然である。

■ 日本の情報組織

　日本の情報機関は、内閣に設置された内閣情報調査室（内調）、外務省、防衛庁、警察庁、公安調査庁の各セクションが中心だ。テーマによって財務、経済産業省などが加わる。これまではこれら各組織が政府の総合情報会議を構成していた。体裁を保つための会議であり、だれもが機能しているとは思っていない。ぞろぞろと省庁の局長クラスが集まっても、機微に触れた情報を明らかにするわけはない。他省庁に手柄を取られてしまうだけ、との抜きがたい縄張り意識が働く。

　サイバー攻撃がこれだけ国際問題になってくると、政府も放置はできない。情報が漏れやすい政府の体質改善も、他国から機密情報を提供されるにあたっては必要なのだろう。特定秘密保護と合わせ、国家安全保障会議（日本版NSC）は有機的に機能を発揮するのか。これらの構想は20年以上前から議論されてきた。運用にかなりの工夫を加えないと、各省庁の生来の縦割り意識が容易に払しょくできるとは思えない。

　日本版NSCや特定秘密保護がアメリカを意識した安保、外交体制の構築だとすれば、結局、節目の情報はアメリカ頼みが続きそうである。情報は「ギブ・アンド・テイク」が基本。自前の情報組織を作るには、時間と予算が欠かせない。

　一説によれば、実際の情報機関充実には数百人規模の対外情報専門組織が必要である。予算は年間約500億円。情報に携わる公務員は功績が表だって評価されず、「戦果」も性格上公表されない。出世できないわけだから、役人に「やる気」を起こさせるのは至難の業である。待遇面の保証も大きな課題だ。橋本行革（橋本龍太郎内閣、1996～97年）のさい、公安調査庁を改編した案が検討されたが、地下鉄サリン事件（1995年）の収拾に追われ、日の目を見なかった。

■ インテリジェンスの分類

　インテリジェンス（Intelligence）には適訳がない。情報収集、分析を含めた「情報力」と仮訳する。インフォメーション（Information）も情報ではあるが、「お知らせ」の意味合いが濃い。インテリジェンスを諜報と訳すことがある。スパイ活動などに限定した場合の翻訳であろう。インテリジェンスは外交や安全保障だけでなく、企業活動の企画、販売、市場調査などに広く使われている。

　日本のインテリジェンスは伝統的に3つに分類されてきた。

①ヒューミント（人的情報 ; Human Intelligence）

　　人的情報。昔流にいえば、スパイ。アメリカでも手薄になっていと言われる。有力なヒューミントがイラク政府内部にいたら、大量破壊兵器存在と誤判断しなかったのではないか、とされる。

②シギント（信号情報 ; Signals Intelligence）

　　電波・暗号解読。日本が比較的強い分野（1983年、大韓航空機撃墜事件でソ連の通信記録を傍受）。自衛隊が24時間体制で実施。

③イミント（画像情報 : Imagery Intelligence）

　　画像中心、情報衛星4基体制。解析距離地上1ｍ。米は民間でも10cm。情報集積と解析に時間がかかる。光学衛星（画像撮影）3基、レーダー衛星（画像取得）1基の変則運用。

　ヒューミント、シギント、イミントが伝統的3分類法。ヒューミント、テキント（シギント、イミントを合わせたTechnical Intelligence）が最近の2分類法。テキントの高度化がサイバー技術に発展した素地かもしれない。

■ 直接民主制への懸念

　インターネットには、既述したように便利な反面、自分だけの世界に閉じこもってしまう魔力がある。外界への関心は減退する。バランス感覚が希薄になると、「思い込み」による自己中心的な思考に陥りやすい。

　2013年参院選から解禁されたネット運動選挙。直前までパソコンやス

マホで直接投票できるものと誤解していた有権者がいたことは示唆的である。政治不信や「何を言ってもムダ」感が広まると、ネットを通じた直接民主主義型の要求が強まるのではないか。杞憂かもしれないが、言及しておく。

その典型が日本維新の会が選挙公約に挙げた「首相公選」だ。現行憲法が採用している間接民主制を直接民主制に大きく衣替えするものである。大幅な憲法改正を伴うので、実現はまず無理であるが、これまでの各種世論調査では支持が高い（読売新聞世論調査2001年3月では「首相公選」を「望ましい」と答えた人は62.7％）。

2002年、小泉純一郎内閣時代、首相の私的諮問機関「首相公選制を考える懇談会」（座長・佐々木毅東大学長＝当時）が3案にわたる報告書を提出している。全てを解説すると論点が多岐にわたるので、第1案「国民が首相指名選挙を直接行う案」（米大統領制型）に絞る。伝統的な公選論であり、一番分かりやすい。まず、現行のシステムを説明する。現在は総選挙で有権者が衆院議員を選ぶ。その衆院議員が衆院本会議で内閣総理大臣を選出する。参院も同じ手続きである。首相指名は衆院が優越するので、首相選出に関しては参院の手続きは意味がない。衆院で過半数（現在の定数480、過半数は241）を得た政党勢力のリーダーが首相となる。選ばれた首相は閣僚を人選して内閣を組織する。

第1案は、2段階方式になっている首相の間接選挙を、アメリカの大統領のように一気に有権者が直接選ぶ考え方である。民間人の立候補も条件次第で可能となる。

ちなみに第2案は、議院内閣制を前提とした首相統治体制案。第3案は、現行憲法の枠内における改革案（実質的に首相公選反対論）である。

第1案による憲法改正は、前文から必要となる。憲法前文の冒頭「日本国民は、正当に選挙された国会における代表者を通じて行動し」とある。間接民主制採用を意味していると解釈されている。「（中略）国政は国民の厳粛な信託によるものであって、その権威は国民に由来し、その権利は国民の代表者がこれを行使し、その福利は国民がこれを享受す

る」と続く。ここからの書き換えが求められる。

　憲法本文では第67条第1項に「内閣総理大臣は、国会議員の中から国会の議決で、これを指名する。（後略）」と規定している。他にも改正が必要になる条文は多い。

　これまでの経過をみても、戦後から、最近では中曽根、小泉内閣と浮上しては消え、消えては浮上した。その節目は国民・有権者の政治不信である。「自分たちが選んだ国会議員は、国民の望む人物を首相に選ばない。それなら自分たちで直接選ぶしかない」という要求である。スローガンは「恋人と首相は自分で選ぼう」。

　現実には実現性は極めて低い。反面、国民の期待感は高い。国民投票も間接民主制を規定した現行憲法下では、政府や国会に実現を義務付ける「拘束型」はできない。「諮問型」の導入は理論的には可能である。拘束しないといっても、その結果次第では政治的効果が大きい。選挙で選ばれる国会議員が、国民の投票結果を無視して、政策判断するとは考えづらいからだ。

　国民の不満がネットを通じた直接参加型を志向し始めると、一時的な世論が大きな政策を左右する恐れが出る。民主主義とは、時間をかけても議論を尽くすプロセスの政治であることを忘れてはならない。

〔注〕
　首相公選の問題点など詳しくは、次の文献をご参照いただきたい。
　拙稿「首相公選に関する一考察」『調研クオータリー2001・AUTUMN』読売新聞調査研究本部、2001年
　拙稿「日本政治の格好の教材」大石眞ほか編著『首相公選を考える——その可能性と問題点』中公新書、2002年

第3章

新たな時代のメディアの公共性

「世のため、人のため」への道程

■

森　治郎　もり・じろう

1943年大阪府生まれ。早稲田大学政経学部卒。朝日新聞社で記者、編集者、メディア研究部門などを経て2003年から早稲田大学客員教授、同大学メディア文化研究所招聘研究員、メディアの将来像を考える会座長、同大学大学院政治学研究科講師など。編著に『地域づくり新戦略』『メディアの地域貢献』など。

本章の主張

　新聞や放送というマスメディアは長い間、強い「公共性」を持つものと見られ、国民からの信頼とそれを背景にした「特権」を得てきた。それが大きく揺らいでいる。なぜなのか。歴史と原理から問い直し、突き詰めれば「世のため、人のため」というシンプルな理念を最基底にした公共性の像を浮かび上がらせ、それをマスメディアだけでなくメディア全体でどう実現するか、に視点を広げる。

　巨大なメディアとなったインターネットではあらゆるものが情報として大量に受発信されており、その意味であらゆる組織、集団、個人がメディアになることができる。「総メディア化」である。そのことが逆にメディアの像を不鮮明なものにし、「メディアの公共性」への意識を薄いものにしている。今後ネットの世界にそれをどう根付かせ、育てるか、が大きな社会的課題となるだろう。CSR（社会的責任）が、その難問を解くための重要な鍵を握っている。

第1節 メディアの公共性の軌跡

■ 四面楚歌のマスメディアの公共性

かつてマスメディアにとって公共性は葵の印籠だった。それをかざせば、多くの行為が許され（たように思い）、数々の特権が与えられた。

そのマスメディアの公共性に対して、次のような警告が発せられたのは2005年10月18日、神戸市で開催された新聞大会での「ジャーナリズムと公共性」と題した憲法学者松井茂記（当時大阪大学大学院高等司法研究科教授。以後も肩書は発行、発言当時）の講演でのことだった。

「日本のマスメディアは四面楚歌の状況におかれています。マスメディアを擁護してくれる人がどんどん少なくなっている感じがしてなりません」「おそらくその背景には、国民のマスメディアに対する目が非常に冷たくなっているという点があるのではないかと思います」「基本的に、マスメディアは民主主義において不可欠な機関であって、公共的な機能を果たしているということが重視されてきたわけですが、今、そのマスメディアの公共性そのものが問い直されている、あるいは公共性そのものに疑問の声が投げかけられているという気がしてなりません」[1]。

その疑問の声はその後ますます強くなっている。なぜそうなったのか。そこからスタートしたい。

> ※「はじめに」で述べられているように、マスメディアは「メディア」の最も狭義のもので、松井は新聞、放送というメディア機能あるいは新聞社や放送局という組織体のことを指している。「メディア」は広義にはインターネットのウェブやブログなども含んだ「コミュニケーション活動全般とそれを支える機構」をも含んでいる。本稿の目的は、メディア全体の公共性を追究することにあるので、特にことわらない限り後者の意味で使用する。

■新聞倫理綱領の公共性宣言

メディアの世界に公共性という言葉が初めて現れたのは、恐らくは第2次大戦後間もない1946年7月に日本新聞協会発足と同時に制定された「新聞倫理綱領」だったであろう（朝日新聞や読売新聞の全紙面データベースで検索の結果、それ以前の事例は発見できなかった。写真は1946年7月24日付朝日新聞朝刊掲載。3段目は「公共性」に触れた部分を拡大）。そこでは「新聞が他の企業と区別されるゆえんは、その報道、評論が公衆に多大な影響を与えるからである。公衆はもっぱら新聞紙によって事件および問題の真相を知り、これを判断の基礎とする。ここに新聞事業の公共性が認められ、同時に新聞人独特の社会的立場が生まれる。然してこれを保全する基本的要素は、責任観念と矜持の二つである」と記されている（原文は旧表記）。

それを受けて、全国の新聞社は次々に自社の理念を「社是」「綱領」「憲章」などで宣言した。そこでは「公共性の発揮」「民主主義の守り手」「自由と人権の砦」などの言葉が高らかに謳われていた。それは戦後民主化の流れの中で、多くの人たちにあまり違和感なく受け入れられたのである。それに加えて日本人の間にあった活字信仰、あるいは「何かを知りたい」という人間の本性に合致するものだったからか、新聞は「強い公共性を持った特別のもの」として受け止められた。

少し遅れて1950年、ラジオ放送が公共性を強く持ったものとして位置づけられた。同年に成立した放送法などで日本放送協会（NHK）、民放

ともに「公共の福祉に適合するように規律し、その健全な発達を図ることを目的とする」（同法第1条）ことが義務づけられた。1953年に始まったテレビ放送にもそのまま適用された。新聞の場合は、自らが宣言しての公共性だったが、放送の場合は法によって"押しつけられた公共性"だったのである。しかし放送界にとっては自らが公共的存在であることを証明してくれるものでもあった。

■ 新聞、放送メディアの「特権」

そうした空気の中で、新聞や放送界は多くの「特権」を獲得する。ただしそれは今日受け止められているようなマイナスの意味ではなく、その責務を遂行するために必要な「特別の権利」だった。

それは1940年代後半から1960年代まで数多く法や制度、運用で積み上げられた。その代表的なものが、独占禁止法上の例外的措置として認められた、新聞価格の値崩れとそれによる新聞社への打撃を避けるための再販売価格維持制度であり、大蔵省（現財務省）管財局長通達による報道機関への記者室提供の容認（自治体などもそれに準拠している）である。そうした「特権」は近年になって徐々に減っているが、現在もかなりの程度残っている。

メディアへの配慮は、了解や理解といった社会的空気によるものもある。たとえばスポーツイベントでの公共施設・道路利用の便宜供与や許可、文化事業への出品協力や施設の提供など、メディアの公共的役割への理解の上に立ったものであるということが言える。

■ 国民の付託を裏切る行為が続いた

そうした新聞、放送への「全幅の信頼」の空気は長くは続いていない。その責任は主としてそれらメディアの側にある。

戦後まもなくのナベカマに始まりビール券、自転車、掃除機などの不法拡張材料（そうした景品類は禁止されていた）を使っての部数拡張競争、記者クラブによる取材独占や役所からの事務職員派遣など過度のサービ

スの要求あるいは受け入れ、対役所や記者クラブ内での「談合」による報道規制やその逆の一斉報道、取材対象者のところに集団で押しかけて必要以上の報道合戦を繰り広げる取材（メディアスクラム）、番組でのやらせや捏造、政治家や役所幹部との癒着、社屋建設のための土地取得の疑惑、イベント企画での過度の便宜要求など、が重なった。

■2つの側面がある「メディアの公共性」

それらのことは、新聞社や放送局、あるいは学界を含む関係者があることに気付いていれば、かなりの程度避けられ、またメディアの公共性そのものがもっと豊かなものになったかもしれない。それは新聞社や放送局が追求、実現すべきものとして「言論報道・放送の公共性」と「メディア企業（組織）としての公共性」があることへの気付きである。

前者で問われるのは発信する情報、つまり言論報道や放送の内容が期待されている役割を果たしているかであり、後者で問われるのは企業活動全体が「公共性」を標榜するものとしてふさわしいかどうか、である。つまり「メディアの公共性」は2つの面から遂行かつ検証されなければならない。

戦後国民からかなり強い支持を受け、1969年の博多駅事件テレビフィルム提出命令についての最高裁決定よって認められたメディアの公共性とは、「国民の知る権利」に応える「言論報道・放送の公共性」だった。いわばメディアの「本来的役割」における公共性である。そのことについては、業界や学界でもかなりの程度議論されていた。

しかし、「メディア企業の公共性」については、ほとんど目を向けられることはなかった。つまり公共性の観点からメディア企業としてやってはならないこと、逆にやらなければならないこと、が「言論報道・放送」の分野以外にもあることへの深い追究と追求がなかった。

長い間、「メディア企業が果たすべき、あるいは守るべき公共性」は「言論報道・放送の公共性」の陰に隠れ、問われることはほとんどなかったのである。そうしたことから販売、広告、事業などの部門での企

業の利益追求のための行動までもが、「この葵の印籠が目に入らないか」「そこのけそこのけお馬が通る」式の主張や態度で押し通されることになってしまった。筆者の観察では、そうした非公共的あるいは反公共的姿勢や事実に対する不信は、言論報道や番組の中身への不信、不満より早く発生し、渦巻いていた。

そして1990年代半ば以降のインターネットの急速な発展によって、新聞やテレビのメディアとしての地位が低下したことがきっかけとなって、渦巻いていたメディアの企業（組織）行動への不信が、メディアとしての本丸である「言論報道・放送」分野への不信へと広がっていった。2005年の新聞大会で松井が指摘した「国民のマスメディアへの冷たい目」「マスメディアの公共性への疑問の声」はそのようにして生まれたといえる。

第2節　なぜ公共性追求は不十分だったのか

■ さまざまな顔を持った公共性

なぜ長い間、メディアの公共性には「言論報道・放送機能」以外に「メディア企業としての公共性」もあることが気付かれなかったのか。

それは1つには、冒頭に述べた「メディア」という語の曖昧さ、多様さによるものだろう。それが言論報道や放送という「機能」と企業などの「組織」の両方を意味するものとして遣われたため、メディア企業が組織、機関として果たすべき公共性が、言論報道や番組発信という機能としての公共性によってすべて担保されているかのような錯覚があったのではないだろうか。

そのことは、とりもなおさずマスコミ世界、そして関係学界でもメディアの公共性全体の追究が不十分だった、ということを意味する。

理由の1つは、そもそも公共性というものが見る方向、かかわる人に

よって変わるという複雑な顔を持っているということである。

　公共性を文字で追えば「公を共にするときに持つべき性質、性向」だが、そもそもその「公」がさまざまな意味を持っている。「公家、公卿、公方、公達、公安、公益、公開、公儀、公共、公算、公示、公式、公衆、公人、公選、公然、公電、公道、公表、公憤、公平、公正、公僕、公民、公務、公明、公用、公立…」などを思い浮かべればよく分かる。「尊いもの」「権力者のもの」「みんなのもの」「偏りのないもの」といった、それぞれかなりかけ離れた意味を持っているのである。

　そうした多様な意味を持つ「公」を含んだ「公共」は、従って1つの意味に括りにくい。

　そのことを仲佐秀雄（山梨英和短大教授。通信メディア論）は、「『公共』概念が混乱する理由は、『公』『公共』『public』などの用語の中に、①公務、官公庁など統治者中心の含意と、②公衆、民衆、共有など被治者・私人本位の含意が、水と油のように共存していることにある」[2]と指摘している。

　そうしたことから、公共性の明確な定義はアカデミズムの側からなかなか与えられず、メディアの側も「ややこしいもの」として敬遠してしまった。

■ 官の公共性に近寄りたくない心理

　公共性とは実際には長い間、官の側のものだった。それは道路、ダム、空港、原発などの建設を推し進めようとする国や自治体が、それに疑問を持ったり反対する人たちを黙らせるための「葵の印籠」として使われたり、集会やデモを「公共の福祉」のために規制したり、さまざまな騒音を受忍させるとき、さらには裁判所がそうしたことを認めるときの言葉として多用された。新聞や放送などの側には、そうした権力の匂いを持った言葉を使いたくない、近寄りたくない、否定したい、という心理が働き、公共性に向き合うことをしなかったのではないか。

　公共性がそのように国や自治体など官の側にあった底には、「公＝

官」という明治以来の意識が根強く残っていたことがあるだろう。新聞や放送メディアが自ら標榜する「公共性」と真剣に向き合っていれば、最も身近な公は地域社会であること、地域社会の主人公は住民であること、そこから「公とはみんなで作っているもの」「自分たちのもの」ということが鮮明に浮かび上がったのではないか。そうすれば公共性を人々の側にもっと引き寄せることができたはずだった。

　そうした潜在的意識以上に強く影響していたのは、企業としての論理だったのかもしれない。「激烈な部数獲得競争を勝ち抜くためには、公共性など気にしていられない」「視聴率を稼ぐ番組を作るためには、どこかにしまっておきたい」ものだったのである。そのようにして公共性は神棚の上に飾られたままになってしまった。

第3節　浮かび上がってきた公共性の像

■公的なもの、共通のもの、開かれているもの

　公共性の像は世紀をまたぐ頃からやっとはっきりしてきた。齋藤純一（早稲田大学教授。政治理論・政治思想史）が、①国家に関する公的な（official）もの、②特定の誰かにではなく、すべての人々に関係する共通の（common）もの、③誰に対しても開かれている（open）ということ、と集約したのは2000年のことだった[3]。

　横山滋（NHK放送文化研究所主任研究員）は、1985年から2006年までの新聞記事から公共性がどのような意味で使われ方をしたかを分析し、以下のように整理している[4]。

　①公益性、公然性＝だれでも接触や利用の必要性や可能性があるもの
　②ユニバーサリティ、または非商業性＝誰にでも利用機会のあるサービスに関して、その利用料金の設定を市場原理とは異なる原理で決定しようというもの

③信頼性・安定性・高品質＝質についてその信頼性・安定的供給・高品質といったものへの期待

④公的事業の説明責任＝公的事業の運営に関する説明責任

⑤不偏不党性＝事柄の内容上、一党一派の考え方に偏っては困るもの

以上は公共性の構造や要素からのアプローチであるが、そこからは「公共性は多様な顔を持つ」ということが鮮明に浮かんでくる。公共性とは百面相とはいかないまでも20面相くらいにはいく。その顔のどれもが「公共性」と言えるからややこしく、したがって実現されにくいのである。

しかし、公共「性」が性質、性向を現す言葉である以上、めざす方向つまり理念、志にかかわるものが含まれているはずであり、そこに注目すると「公共性とは簡単なもの」となる。

岡田直之（元東洋大学教授。マスコミ論・世論研究）はそのことを「公共性とは『特定の階層・階級・組織といった個別的利害を離れて、社会全体の利益につくすことだ』という辞書的説明はそれなりに国民の共通認識として定着している」[5]と述べている。

もっと端的なのは「『世のため、人のため』…私たちの役割もここに尽きる」という朝日新聞社長の秋山耿太郎の言葉である[6]。

そうした究極の言葉はそれだけでは、行動の指針になりにくい。そのためにはもう少し具体的な内容を示す必要がある。筆者はたとえば「より自由で、安全で、豊かで、楽しい個人の生活と社会の形成、維持、発展に尽くすこと」とすれば、実行すべきこと、実現すべきものがより鮮明になるのではないか、と考えている。当然のことだが、安全や豊かということは物理的、物的なものだけではなく人の心の領域でのことも含んでいる。

「公共性」とはおそらく、一定の意味が固定的にあるものではなく、意味や内容がどんどん加わっていくという本質を持っているものだろう。したがってその検討や議論にあたって大切なことは、自身の中でどのような公共性像を描いているのか明確にし、他者にも明らかにしておくと

いうことである。でないと議論はかみ合わない。

■ メディアが提供すべきものは何か

根底に「個別的利害を離れて社会全体の利益につくす」「世のため、人のため」という理念、志を持った公共性は、メディアの場で具体的にどのように発揮されるべきなのか。

岡田は先の指摘に続いて、新聞の公共的役割として〈権力のチェック〉〈開放的言論フォーラムの提供〉〈読者ニーズのキャッチと充足〉〈市民意識の育成と知る権利への奉仕〉[7]を挙げている。

放送の場合は、1922年に発足したイギリスのBBC(イギリス放送会社、後に放送協会)の初代総支配人ジョン・リースが「伝える、啓蒙する、楽しませる」という3つの指標を掲げて以来、どの国においても「楽しませる」ことも重要な要素と考えられている。日本では放送法などの中で、テレビ放送など基幹放送局を開設するものは、教育番組・報道番組・娯楽番組がいずれも行われること、そしてその間に調和が保たれていること、が義務づけられた。これは法的にも娯楽番組が公共性を持ったものとされていることに他ならない。

日本では新聞や放送の娯楽性と公共性の関係について追究したものはあまり見られないが、フランスや英米の大学でメディア論を講じたクロード-ジャン・ベルトランは、「ジャーナリズムが民主主義制度の中で特別なのは、その地位が社会契約に基づくものではない。つまり、選挙や資格任命、または有利な条件を満たす法律などに依拠した人民の権力代表ではないことによる。したがってメディアが、みずからの威信と独立を維持するためには、優れた公共サービスを提供することを根本的に責務と自覚することが求められている」[8]として、その中でも欠かせないものとして「大衆社会では…娯楽が以前よりはるかに欠かせないものになった。それはまた、主としてメディアが提供する」ことを挙げている[9]。

筆者は以上を総括して、メディアの公共性とは、「より自由で、安全

で、豊かで、楽しい個人の生活と社会の形成、維持、発展への貢献」を言論報道・放送の機能と企業など組織全体の活動によって遂行すること、と考えている。

■「楽しさ」「豊かさ」への貢献

　そう考えると、メディアの公共性発揮の場はより広く多様なものとなる。同時にその担い手も多様になる。販売や広告、事業活動は言論報道や放送を支えるという点で重要な役割を果たしている。しかし、それだけの存在ではない。それぞれの活動領域で「楽しみ」や「豊かさ」の形成に貢献することができる。

　それを実践する重要な場が、地域である。文化やスポーツなどのイベントを直接開催したり、さまざまな形で地域の協働作業に加わることによって住みやすい環境作りに尽くすことが可能だ。しかもメディア企業は多くの場合その地域の有力企業であり、ある程度の信頼を得ている、ということから地域でのそうした活動のコーディネーターあるいはエンジンになりやすい。

　筆者が座長を務めた早稲田大学メディア文化研究所の「地域とメディア研究会」は、2010年に地域貢献への意識と実例についてフリーペーパーやコミュニティー放送を含む新聞・放送媒体約600社を対象に調査した。高校野球や大学駅伝、展覧会などのイベント活動はよく知られていることだが、それ以外に数多くの活動報告が寄せられてきた[10]。

　販売店による清掃活動、独居高齢者の安否確認、河川や湖の浄化活動、広告部門による町・街活性化コンテスト、事業部門が中心になっての植林運動、地元を知るためのガイド活動、総務部門が軸になっての世界遺産登録活動への参加や社員へのさまざまなボランティア活動の呼びかけや組織化、など多彩だった。

■ 4つの形態で実現できる地域、社会貢献

　実は松井が冒頭の指摘をする少し前から、新聞界の公共性意識はかな

り変化してきている。新しい世紀を目前にした2000年6月に、1946年以来の日本新聞協会「新聞倫理綱領」が改められた。それまでの「新聞にはそもそも公共性がある」というとらえ方でなく、「おびただしい量の情報が飛びかう社会では、なにが真実か、どれを選ぶべきか、的確で迅速な判断が強く求められている。新聞の責務は、正確で公正な記事と責任ある論評によってこうした要望にこたえ、公共的、文化的使命を果たすことである」として日々追求すべきものと捉え直されている。

近年では2013年に2度にわたって同協会主催で「メディアの公共性」を考えるシンポジウムが開かれた。その中でネット時代の訪れの中で、新聞が社会にとってなお必要不可欠なメディアであること、そして消費税軽減税率を求める根拠としての「公共性」の意味と内容について追究され、「同じ空気を吸いながら、違う意見も共有し、認め合いながら話せる空間」としての新聞の像が浮かび上がってきた[11]。

また2006年10月の新聞大会での「新聞の公共性・文化性を考える」パネルディスカッションで福井新聞社社長の吉田哲也は、「新聞が、地域社会やそこに住む人たちの役に立ち、生活の向上に寄与すること、それが新聞の公共性です。我々も、地域でこうした企業活動をしていきたいと思っています。新聞協会全体が各地域でこの動きを進めることが、メディアの公共性を形作っていくことにつながるのです」と述べている[12]。メディアの公共性を、言論報道の枠にとどまらず人々の生活全体への寄与であるとし、企業や業界全体で担っていこうという意識の芽生えだった。

日本新聞協会は翌年から、販売店を対象に「地域貢献大賞」を設けるなどして、地域での貢献活動を呼びかけている。

そうした地域への貢献という点から見れば、そこに根を下ろして豊富な生活情報を発信し、地域の活動に直接関わることの多いフリーペーパー企業やケーブルテレビ、コミュニティー放送局なども重要な担い手として浮かび上がってくる。

前述の2010年の地域とメディア研究会の調査結果から、その気づきが定着し始めたことが見て取れる。

筆者はそのことを、「公共性をメディアの機能と組織全体で実現するという新たな自覚に基づいた地域貢献」と指摘し、地域貢献の形態として、①自社による紙面報道・番組を通じての貢献　②NPO・住民・読者・視聴者などとの協働による紙面報道・番組やフォーラム形成などを通じての貢献　③自社主導による事業や活動を通じての貢献　④「普通の企業」としての活動、地域全体あるいは地域の複数の組織との協働を通じての貢献、を挙げた[13]。

メディアがすでに行っている活動を総括したり今後の活動を考えるとき、その４つの形態に当てはめて考えれば、実践への道筋がより明確になり、効果的に推進できるのではないだろうか。

第4節　インターネット社会の公共的課題

インターネット（以下ネット）の広がりと深まりは、どのような言葉も追いつかないほど急速である。その有用性もはかりしれない。その広がりと深まりをもたらしているのは、圧倒的な速さ（したがっての早さ）、検索性、大量性、インタラクティブ性などの機能だ。それはこれまでのメディアの能力をはるかに超えている。その上に、信頼性、継続性、多様性といった既存メディアが多少とも持っていた公共性を発揮するための特性を加えることができるかどうか、が大きな課題だ。

■「仮想空間」はもはや現実空間

ネットの世界はしばしば「仮想空間」と呼ばれるが、利用者は人口の80％、13～49歳の年齢層では95％以上（2012年総務省「通信利用動向調査」）に達しており、現実の空間とほぼ等しくなっている。しかし、そこから「公共性」あるいは「メディアの公共性」といった言葉はほとんど聞こえてこない。それはその中で推進されることはもちろん意識されることも少ない、ということを意味している。

その大きな理由は、人々は仮想空間を現実と切り離されたものと思いがちだ、ということにあるだろう。公共性とは、「公を共にするときに持つべき性質、性向」だった。その「公を共にする」ということは「生を共にする」ということから、たいていの場合、現実世界でのことをイメージさせる。したがって仮想空間では、公共性が発揮されるべき領域＝公共圏とは意識されにくいのである。
　そのことから大きな問題が生じる。そうした意識の希薄さがそのまま現実空間に反映し、そこでの公共性を細らせてしまう。
　もちろん時折は、その空間で公共性意識が生まれ、他に比べるものがないほどの速度で広がっていく。たとえば2011年3月11日に始まる出来事である。ソーシャルメディアを中心にしたネットの情報が被害地住民の安否情報の確認、ライフラインのきめ細かな情報、マスメディアからは発信されなかった実情、を多くの人に知らせ救助活動や支援の輪を作った。そのほかにも公共性発揮のケースは多い。しかし膨大な情報の流れ、空間の広がりを考えると、そうしたことは例外的な「いい話」に終わっているというのが実情だろう。それが例外的なものではなくなれば、この現実社会にはかりしれないプラスをもたらす。
　ネットでの公共性とはどのようなものか、それを構築して行くにはどうすることが必要なのか。ネット社会化が爆発的な速度で進んでいるだけに、そのことを追究し、得られた策を実現していくことがこの社会にとって焦眉の課題である。
　本節では、そのための一つのアプローチとして「ネットメディア」にしぼって考えたい。

■「ITメディア」であることへの否定・躊躇

　ところがネットの中に分け入っても「メディア」はなかなか見つからない。ネット世界ではどこまでがメディア活動であるのか、判断が非常に難しいからだ。ネット上に流れているのは、すべて「情報」である。その受発信はメディア的行為であり、多くの発信者はメディアというこ

とがいえる。受発信の広がりと影響力の大きさから「マスメディア」といえるものも多い。

しかし自らを「メディア」あるいは「メディア企業」と名乗るところは非常に少ないのである。ニュースサイトや投稿サイトを運営していても、それはその企業の数多いサービスの一つに過ぎなかったり、自身では情報を付加していない、あるいは従来の「メディア」と一線を画したいということからだ。

たとえば、日本最大のニュースサイトYahoo!ニュースは、100もあるYahoo!JAPANのコンテンツ（サービス）の一つでしかない（右上は同社HP上に表示されたコンテンツの一部。2014年1月時点）。同ニュースの祝前伸光は、「Yahoo!JAPANは、インターネット技術を使って世の中の課題を解決する『課題解決エンジン』というミッションを掲げて事業を行っているので、インターネットメディアというよりはIT企業というのが合っているのではないか」と考えている。

動画展開を中心にしたniconicoの場合も、ニュース以外のサービスが圧倒的に多い（右下、同）。運営会社ニワンゴの杉本誠司社長は「うちは運営側の主観や編集を一切入れず、ユーザーの投稿を正確に受け発信するということに徹している。したがって主観が入り編集が前提になっているこれまでのメディア像から離れたいということでメディアではなくプラットフォーマーと考えている」という。

ソーシャルメディアサービスTwitterの斉藤香広報担当は「間に入るという立ち位置ではメディアであ

るが、独自の情報を加えていないことや提供サービス全体を考えるとＩＴ企業でもある」としている。

他のニュースサイト、ソーシャルメディアサービス会社に聞いても、多くは同じような回答が戻ってくるのではないだろうか。

■ 自身の取材網を欠く「ニュースサイト」

そうした「メディア企業とは言い難い」「言いたくない」というネット世界の中の雰囲気、そして実情から、いくつかの大きな問題が浮かび上がる。

1つは、メディアとして担うべき役割、責任への意識がどうしても希薄にならざるをえないということである。そのことは、まず情報の安定性、継続性、信頼性に影を落とす。

その企業におけるサイトの比重が小さいということは、企業全体あるいはサイトの収支が悪化したり、その他のなんらかの事情で苦境に陥ったとき、サイトが閉鎖されやすいということを意味している。それはニュースや言論の継続的、安定的な提供への不安材料となる。

もっと本質的な問題といえるのは、ほとんどのニュースサイトが自身の取材網を持たず新聞社や通信社など既存マスメディアの有料、無料の情報に依存していることである。

独自の取材網を持とうとすれば膨大な時間と費用がかかる。企業論理でいえば「とても引き合わない」。そのことは、他から提供されるニュースの垂れ流しになり、「何がニュースか」「何を、どのように伝えるべきか」を他者にゆだねるということにつながりやすい。

ニュースの入手先として新聞社や通信社のほか、ネット上の情報を集めて発信するミドルメディア、ソーシャルメディア、ニュースサイトへの投稿、掲示板サイトなど多様にある。しかしそれらも新聞や新聞社、通信社のネットから発信された情報が元になっていることが多い。

もし新聞社や通信社の脆弱化によってその流れが細くなったり、途絶した場合どうなるのか。そのときネットメディアが自ら取材網を築いて

現在程度に信頼性と深さを持った情報を入手できるだろうか、という懸念が起きる。

個人ではアクセスが難しい政界、行政、経済界などの「深いところ」で起きていることの情報が激減する危険性もある。もちろん専門家やフリージャーナリストの活動があるだろうが、カバーの範囲に限界があり、継続的な発信も保証されない。その結果、政府、行政や企業などの発表ものに頼らざるをえないという状況が生まれてしまうのではないか、という懸念も生じる。

ネット上で信頼できる情報を、安定的に、継続的に伝えるためにどうすればいいのか。そこからNPO的な取材組織へのニーズが出てくるかもしれない。ネットメディアだけでなく、社会全体として考えなければならない問題だ。

■「編集」の中での判断、恣意、作為

ネットの世界に入ってみると、新聞や放送に対する不信や批判、非難の言葉が満ち溢れている。ジャーナリストでメディア・アクティビストの津田大介はそのことを「現在のネットユーザーに多く見られる『マスメディア不信』は、ほとんどがマスメディアが行う作為的な編集に対するものだ」と説明している[14]。

新聞や放送には紙あるいは時間という量的制約がある。そこでどうしても取捨選択が必要になる。採用しても記事の字数や放送可能な時間にはかなりの制約がある。そこに何を盛り込むか、発言のどの部分に注目するかは記者や編集者、編成者の判断に委ねざるをえない。そしてその記事を何面のどこにどの程度の大きさで掲載するか、あるいは番組の何番目にどの程度の時間をとってどのような言葉で報道するか、という問題がある。それはしばしば、新聞の締め切りや放送のどのくらい前に起きたことかによっても、左右される。

そうした選択や判断の連続は「主観の積み重ね」であるかもしれない。そこに常に恣意や作為が入り込む危険性がある。しかし、主観とは「自

分の考えや感じ方」、恣意は「自分勝手な考え」、作為は「ことさらに手を加えること」であり、かなりの違いがある。恣意や作為は絶対に避けなければならないが、主観は常に存在するし、それ自体は否定されるべきものではない。新聞や放送の世界では、その主観が事実の裏付けを持ったものであることが要求されてきた。少なくとも建前の上では、捏造はもちろん恣意や作為も絶対に許されないものなのである。

そうしたことの実態はどうなのか。批判されている側、している側の両方が、それぞれの主張を検証する必要がある。もちろんすべてを検証することは不可能だ。しかし少なくとも、批判の対象になった具体的な記事や番組を子細に点検すれば、かなりの実態が浮かび上がり、批判が正しいのか、その批判が「偏見」あるいは「恣意」に基づくものかがはっきりしてくるのではないだろうか。

■ネットの中に編集的行為はないか

それは、自らは情報を発信しないというプラットフォームやソーシャルメディアは主観や編集的なものと無縁か、という問題につながっていく。たとえば動画生放送では自社主催の番組（選挙時の党首討論など）を企画することがあるが、その企画の決定、あるいは司会者や出演者などの選定に主観に基づく判断が入らざるをえないのではないか。そうした決定や判断は通常は編集行為の範疇に入るものと考えられている。

また放送中の番組へのユーザーの発言（書き込み）も、主観に立脚せざるをえない。サイトはその発言を拡散する舞台である。仮にそこに悪意や偏見、思い込みが混じっていたとき、それも拡散し、社会的に大きな影響を与える。それにまったく責任を負う必要はないのか。このことはかなり以前から指摘されていたが、深くは論じられないままだ。

そうした番組やコンテンツの影響力は、どんどん大きくなり現実世界に及んでいる。そろそろネット上での議論の手法と責任の所在を明確にしておかなければならないのではないか。

■ 個人も「メディア」の時代

　インターネットの発達によって個人が大量の情報発信をし、発言することが可能になったということから、しばしば「個人もメディアとなることができる時代が到来した」と言われる。ブログでの発言、投稿、つぶやきは、ときにはマスメディアに劣らない伝播力を持ち、多数の人々に影響を与えることができる。それ自体はすばらしいことなのだが、その光がつくる影も濃い。

　人はだれしも他人に悪意を覚え、その悪意の表れとして誹謗中傷をすることがある。また、軽率な発言をしたりバカなこともする。あるいは真偽定かでないことを他人に話したりする。ノリによる言動やふざけは、ウケ狙いということですまされるかもしれないが、絶対に許されないのは誹謗、中傷あるいは脅迫などの悪意をネットに乗せることだ。

　その例を筆者がここで述べる必要はないだろう。ネットや新聞を検索してみればいくつも出てくる。

　悪質な書き込みは、膨大な情報の流れの中では、ほんの一握りかもしれない。しかしその1つ1つが集まると無視できない集合となり、ネット社会の情報を劣化させ現実世界を暗くしてしまう。そのことを防ぐのは、ユーザーたちに自身がメディアとして公共圏に情報を発信していること、自己の「表現の自由」のために他人の自由や安全を犯す権利はないことの自覚を促すこと、そうした権利の侵害を許さないという社会的な空気だろう。それには学校や社会全体でのメディアリテラシー教育が不可欠だが、中でもネット社会での育成が重要だ。ソーシャルメディアサイト、投稿サイトを含めてネットメディアが当然その責の多くを引き受けなければならない。

第5節 「CSR」というもう一つの道

■ 社会の持続可能な発展への貢献

近年、「CSR (Corporate Social Responsibility：企業の社会的責任)」が注目されている。それが、今後のメディアの公共性の行方に深くかかわってくるのではないか。

CSRとは、その事業活動を通じて企業価値を高めることを基本に、その事業活動がどのように行われているか、また社会へ与える影響に責任をもち持続可能な発展に貢献し、あらゆるステークホルダー（その組織の何らかの決定または活動により利害関係を持つ個人またはグループ：一般に株主、顧客、従業員、取引先、行政、コミュニティー、地球や地域の環境、NPO/NGO、など。社会全体を意味することもある）からの要求に対して適切な対処（アカウンタビリティー）をすることを指している。

歴史的には、1980年代に環境問題が盛んに言われるようになった頃から、企業の環境破壊に対抗するものとして考え方の基礎がつくられ、環境はもちろん、労働安全衛生、人権、雇用創出、品質、取引先への配慮など、幅広い分野に拡大した。そして2000年代に入るとともに、経済活動は良好な地球環境・地域社会においてしか成り立たないこと、企業の持続的発展のためにもそうした地球環境・地域社会作りに貢献していく必要がある、という意識が高まった。

国連では2000年7月に、このうちの「人権」「労働」「環境」「腐敗防止」について10の原則をグローバル・コンパクトとしてまとめ、世界中の企業・団体に参加を呼びかけた。

そうしたことを受けて2005年ごろから企業の中にCSRへの積極的な取り組みをするところが多くなった。その背景には企業活動の増大やグローバリゼーションによる他国への進出とともに環境・社会に深刻な影響が生じ、その防止や解決に責任ある活動を求める声が高まったという

ことがある。

■ISO26000として国際規格化

　CSRは2010年11月にISO（国際標準化機構）によってISO26000として規格化された。内容は「社会的責任」の強調と「組織が自らの社会的責任を特定するための中核課題」の提起で、前者は慈善活動的な考えからの脱皮を促し、後者では「（企業などの内部の）組織統治、人権、労働慣行、環境、公正な事業慣行、消費者課題、コミュニティへの参画およびコミュニティの発展への取り組み」の考えと実行の方法が示されている。ただし名称は"Guidance on social responsibility"であり、ISO14001（環境ISO）など他の管理規格のように遵守を強く要求するものではなく、手引きとなっている。

　日本で企業の社会的責任は1960年代以降の公害問題の発生などで大きな問題になったが、それは個々の企業の責任として問われることが多く、CSR的な発想には結びついていかなかった。古くから地域や社会全体への「寄付」「慈善活動」などがあったが、それも社会的広がりを持つものではなかった。

　それがある程度の規模、体系を持って意識されるようになったのは1990年代のことである。1990年に経団連が各企業に経常利益の1％を寄付しようと呼びかけて「1％クラブ」が立ち上がり、また芸術・文化活動への支援であるメセナ活動（フランス語で「文化の擁護」）にも注目が集まり、同年に企業メセナ協議会が設立された。

　2003年3月に経済同友会は『「市場の進化」と社会的責任経営』を発表、翌年にそこに盛られた指標について会員企業が自らをチェックした結果を『日本企業のCSR—現状と課題』として公表するなど、社会的貢献を従来の恩恵的、散発的なものではなく企業活動と不可分なものとするCSRの考え方が本格化した。

　そして監査法人やコンサルティング会社などによるCSR経営支援・指導も活発となり、CSRへの本格的な取り組みが企業社会全般に広がり、

CSRの理念と内容を企業行動規範やガイドラインとして定めるところが多くなった。それはISO26000の日本版規格JIS Z 26000「社会的責任に関する手引」（2012年3月）の制定によって急激に加速されつつある。

■ 公共性とCSRの類似と相違

CSRの考え方と実践は新聞、放送などのメディア企業にも広まりつつある。CSR活動が活発な米社の日本法人や子会社が多いネット企業ではさらに進んでいるだろう。

CSRの指針は具体的で、それに沿って実施しやすい。特に第3節で挙げた4つの貢献形態のうち③自社主導による事業や活動を通じての貢献④「普通の企業」としての活動、地域全体あるいは複数組織との協働を通じての貢献、はCSRとして位置づける方がより実践的かもしれない。

しかしそこで1つ大きな問題が生じる。CSRと公共性はどのように区別されるのだろうか。CSRの発想には「企業利益をめざす」という動機が根底にあることは否めない。また権力の不正・腐敗に対する監視や社会悪を正すという意識はうかがえない。

さまざまなCSR報告や調査は「絵に描いた餅ではないか」と疑われるような面もある。たとえば「企業のアカウンタビリティ（説明責任）」に的を絞ってフォーチュン誌が2004年に発表した世界の企業の格付けで、東京電力が7位にランクされている[15]。10位以内に入っているのはアジアで1社だけ。しかし7年後の東日本大地震による原発事故で、同社の「アカウンタビリティ」に大きな疑問と不信が持たれたのは周知のことである。

2013年には国際的な製薬会社ノバルティス社（本社スイス）の日本法人ノバルティスファーマの社員が高血圧治療薬「バルサルタン（商品名ディオバン）」の臨床研究に身分を隠して参加、データに人為的操作を加えた疑いのあることが分かった。社員は退社し、関係大学の調査委員会に対して同社は「連絡がとれない」として調査に応じていない。親会社のノバルティス社はCSRに熱心な企業として知られているが、「いざ」という時にはコーポレートガバナンス（企業統治）が効いていない

ということになる。CSRに疑念を抱かせる出来事だった。

　新聞社や放送会社が公共性の理念を役割をすっかりCSRに置き換えた場合、その活動は一般企業と同種、同レベルのものとなり、従来公共性が強いとして築かれてきた「特別の権利」「敬意」の根拠が薄弱なものとなり、結果としてその活動を支えていた大きな拠り所が失われていく、ということにつながるかもしれない。いや、そんなことよりもっと注意しなければならないのは、「言論報道・放送の公共性」も企業の論理の中に飲み込まれてしまうかもしれないということである。

　新聞社や放送会社は、そうした点をはじめとして、メディアの公共性とCSRの関係、その両者をどのように推進することが望ましいのかについて検討を急ぐ必要がある。

■ CSRがネットメディアを牽引する

　CSRがネットメディアに与える影響はさらに大きいだろう。有力なネット企業の多くがCSRに敏感なアメリカに本社や本拠を持つからだ。CSRは、自らの活動が社会に与える影響について、その解決を含めて責任を持つことを求めている。前述のメディアリテラシーの育成はその中でも重要なものだ。

　そうした責任を果たさない場合、社会という「ステークホルダー」から痛棒を受けることになる。CSRでは「責任」だけではなく「貢献」も要請している。社会的圧力からにしろ、自らの積極的な取り組みによるものにしろ、CSRの誠実な実行はネット世界、そしてそれが反映しての現実世界での公共性の強化、増大につながる1本の太い道になりうるのではないか。

〔注〕
(1)『新聞研究』2005年12月号「ジャーナリズムと公共性」p.31
(2)『マス・コミュニケーション研究』1997年No.50「公共性」p.56

(3)『公共性』岩波書店、2000年、p.viii
(4)『放送研究と調査』2006年11月号「新聞記事に現れた『放送の公共性』」p.24
(5)『新聞研究』2006年6月号「新聞の公共性とは何か」p.30
(6)『読者とともに　朝日新聞社CSR報告書・会社案内2011』p.4
(7)『新聞研究』2006年6月号「新聞の公共性とは何か」p.32
(8) 前澤猛訳『メディアの倫理と説明責任制度』明石書店、2005年、p.19
(9) 同上書 p.32
(10) 調査結果は『メディアの地域貢献』（一藝社、2010年）第16章「各地の実践に学ぶ」に収録
(11) シンポジウムでの発言などは『新聞研究』2013年8月号、同11月号に掲載されている。引用部分は8月号掲載の小川一（毎日新聞社執行役員東京本社編集編成局長）の発言。
(12)『新聞研究』2006年12月号「新聞の公共性・文化性を考える」p.51
(13)『メディアの地域貢献』一藝社、2010年、p.27
(14)『ウェブで政治を動かす！』朝日新書、2012年、p.193
(15) 谷本寛治『CSR ── 企業と社会を考える』NTT出版、2006年、p.189

【参考文献】
　　文中引用したもののほか、下記のものが特に有用である。
東浩紀『一般意志2.0』講談社、2011年
安彦一恵ほか編『公共性の哲学を学ぶ人のために』世界思想社、2004年
片岡寛光『公共の哲学』早稲田大学出版部、2002年
向後英紀・古田直輝編著『放送十五講』学文社、2011年
高田明典『ネットが社会を破壊する』リーダーズノート出版、2013年
谷本寛治『CSR』NTT出版、2006年
矢野直明『総メディア社会とジャーナリズム』知泉書館、2009年
矢野直明『IT社会事件簿』ディスカヴァー・トゥエンティワン、2013年
山田健太『ジャーナリズムの行方』三省堂、2011年
山田健太『言論の自由』ミネルヴァ書房、2012年

第4章

ネット時代の
フリーペーパーの役割

海外日刊無料紙と国内地方紙の挑戦を軸に

■

稲垣太郎　いながき・たろう

朝日新聞社広告審査部員。早大メディア文化研究所招聘研究員。1955年東京生まれ。早大政経学部卒業、同大学院社会科学研究科修了。朝日新聞社で整理部、ジャーナリスト学校などを経て現職。著書に『フリーペーパーの衝撃』（集英社新書）。

山﨑敬子　やまさき・けいこ

早大メディア文化研究所招聘研究員。玉川大学芸術学部非常勤講師。2001年、実践女子大学大学院修了後、民俗芸能研究やまちづくり業務に携わる。合同会社まち元気小田原・業務推進課長。日本生活情報紙協会個人会員・日本ペンクラブ会員。

本章の主張

　フリーペーパーはインターネットの普及に呼応し、21世紀を迎えて急増した。「ネットが流行れば紙は廃れる」との予測が当てはまらぬ、ネット時代の申し子である。その背景には読者や広告主の価値観の転換があったと思われる。ネットで無料の情報を大量入手することを経験した彼らが、無料の紙媒体にも同じ価値観で接するようになったためだ。

　様々な形態をもつフリーペーパーだが、まずは「メトロ」に代表される海外の報道系日刊無料紙を取り上げる。一方、日刊無料紙が育たない国内の現状と問題点、将来の可能性を展望し、地域で公共性を追求する地方紙の試みも紹介する。また、フリーペーパーの強力なライバルと見られがちなデジタルメディアとの特性の違いを明らかにし、その補完関係にも触れる。

第1節　フリーメディア研究の意義

■ コンテンツと広告、配送がメディア3要素

　あらゆるメディアは、①コンテンツ、②広告、③配送の3つの経営基盤によって成り立っている。新聞社の組織を例にとると、報道を司る編集局に加え、広告集稿を担当する広告局、読者に配る販売店の管理にあたる販売局がこれらに該当する。放送局の場合、番組作りを担う制作部門があり、CMの広告営業部門、視聴者の受像機に届ける電波送出部門がある。出版社だと、編集部と広告営業部のほか、本や雑誌の流通は主に大手取次会社に委託しているところが多い。フリーペーパーも同様にこれらの要素を経営の3本柱としている。なかでも広告と配送という2つの要素に大きく依存しているのが特徴である。新聞やテレビ、雑誌はコンテンツさえ作れば、自動的に宅配や、電波、書店への配本といった一定の流通方法で読者、視聴者に送り届けられるのに対し、フリーペーパーは、手配りやラック置き、職場への配送などから、最適な配送方法を選択しなければならない。ターゲットを絞れなければ、コンテンツもあいまいにならざるを得ず、その結果、広告主も見つからず、どこでどのように配るかも決まらない。このような特徴が際立ったフリーペーパーを研究する意味は、コンテンツと広告、配送の密接な関係に着目することにある。たとえば、コンテンツに見合った広告と配送がある。また、その逆に広告に見合ったコンテンツと配送、配送に見合ったコンテンツと広告が存在しえる。

■ 重要だが進まないメディア経営研究

　こうしたアイデアは、コンテンツとの関連性を視野に入れた、広告と配送を対象とするメディア経営論につながる。しかもフリーペーパーは、読者と視聴者からお金を取らずにコンテンツを提供し、独自の配送手段を持つ特異な媒体であり、メディア経営論の重要な位置を占める。

しかしながら、多くのメディア研究ないしジャーナリズム研究は、既存のマスメディアが提供するコンテンツのみに注目し、そのあり方や読者、視聴者への影響、反応を対象にしがちだった。また、近年、社会への影響力を増すソーシャルメディア（SNS）についても、情報を発する主体（個人と組織）とコンテンツに目を奪われ、社会に影響をもたらす力を与えた肝心のシステム（送信方法や料金設定など）に深い関心を寄せていないように見える。

メディアが運ぶコンテンツは、個人や社会にどのような影響を与えるか、メディアを通して個人や組織がどのようなネットワークを形成するかは、確かに重要なテーマであろう。が、そこにだけ目を凝らしていては、メディアの全体像を理解することにはならない。メディアの経営的な視点からの研究、なかでも無料媒体の代表格であるフリーペーパーを対象にする意義はそこにある。この章では、海外の報道系日刊無料紙や国内の地方紙の事例を中心に論じ、フリーペーパーの公共性をめぐる問題点を洗い出していく。

第2節　世界に広がった日刊無料紙「メトロ」

■ 創案者の狙いと国際資本の戦略

世界に広がる無料日刊紙の代表格といえば、スウェーデンから発した「メトロ」だろう。2013年現在、23カ国で約800万部を発行する。日本国内の新聞業界に例を取るなら、朝日新聞の部数に匹敵する。

メトロは1995年1月、スウェーデンの首都ストックホルムで誕生した。スウェーデンの巨大メディア複合体「キンネヴィーク・コンツェルン」の総帥ヤン・ステンベックが率いる「モダン・タイムズ・グループ」（以下MTG）が創刊。2000年に傘下のメトロ・インターナショナルが発行を引き継いでいる。

発刊から18年間で、進出と撤退を繰り返した末、欧州10カ国、北米2

カ国、中南米9カ国、アジア2カ国(韓国、中国＝香港)の計23カ国で発行している(表を参照)。一時は隆盛を誇っていたスペインでは他紙3紙との激しい競合の末、撤退を余儀なくされた。一方、フランスではライバル紙と競い合いながらも安定的な経営を維持している。ここ数年は、中南米への進出が著しい。

メトロのビジネスモデルの要素を大まかにまとめると、次のようになる。
①20分程度(通勤時間)で読み切れるコンパクトな記事
②読者には無料で配り、広告収入だけで経営を成り立たせる
③駅の構内や出入口などに置き、配送コストを減らす

ちなみにスウェーデンでは地下鉄駅構内専用のラックを置かせてもらうために、地下鉄当局の広告1ページを無料で掲載することを認めている。

想定読者層(ターゲット)は毎日電車を利用する若い勤労者。比較的消費性向が高く、流行に敏感な20代から30代を想定している。メトロの場合、地球上にある数多くの都市で同時に発行する意味は、それぞれの都市の若者たちに向けた多国籍企業の広告を掲載することにある。

新聞1部につき何人が読むかを表す回読率は2.7人、平均閲読時間は16.7分、読者のうち女性は50％。45歳以下の70％をカバーする。30歳以下の38％は週1回閲読。世界の読者数は2013年現在、1827万人。日本を除いて世界最高とメトロのホームページは謳う。

とはいえ、経営面ではやや苦しい展開が続いた。急速な拡大路線の影響から2004年、税引き後で1100万ドルの赤字を計上。2000年にストックホルム証券取引所に上場して以来、5年連続の赤字となったが、売り上げは前年比50％の増の3億ドルを達成した。

表　メトロの進出国23カ国一覧

欧州	スウェーデン、チェコ、フィンランド、オランダ、イタリア、ポルトガル、フランス、ロシア、ハンガリー、ギリシャ
アメリカ	米国、カナダ、プエルトリコ、メキシコ、エクアドル、グアテマラ、ブラジル、コロンビア、チリ、ペルー　ニカラグア
アジア	韓国、中国(香港)

出典：2013年12月現在、メトロのホームページから

追随者も現れている。その代表格が、ノルウェーから発した「20分」である。同国内最大のメディアグループ「シプステッド」傘下で、各国の「20分」にあたる言葉に訳されて発行されている。1999年に第1号をスイスのチューリッヒで「20ミヌーテン」として創刊。その後、ベルン、バーゼル、マドリード、バルセロナ、パリに進出している。

■「新聞が買えない人のために」

日刊無料紙のアイデアは1973年、ストックホルム・ジャーナリズム大学の新聞経済学の講義に通っていた学生、ペッレ・アンデションが発案した。卒業後もこの構想を温め、事業に参加する同士を集めた。そして、1995年にMTGの資金提供を受けてメトロの発刊にこぎつけたが、その後、MTG経営陣との編集方針をめぐる対立から、MTGに持ち株を売り渡して、仲間とともにこの事業から手を引いている。

アンデションは筆者とのインタビューで、経営陣との編集および経営方針の違いについて以下のように述べている。

「メトロの考え方は、人々に基本的な情報を提供することです。一般人でお金が無く新聞が買えない人も日々生活する上で基本的に必要な情報があります。会社の社長や幹部が仕事上の情報を必要とするのと同じです。娯楽情報を見下しているわけではありませんが、現在のメトロが一般情報よりも多くの娯楽情報を提供しているのを見るのは悲しい。あくまで私たちの使命は新聞を読めない人々に新聞を届けるということでした」

メトロが2002年2月にフランスに上陸したとき、地元の新聞界は激しい抵抗を示した。出版労働組合の組合員らが新聞を奪い取り、路上やセーヌ川に投げ捨ててしまった。

英国では、身構えた大手紙に先手を打たれ、いったんは進出したものの追い出された。「アソシエイテッド・ニュースペーパーズ」が欧州大陸での「メトロ」の浸透ぶりを見て、「メトロ」という商標を早々と国内で登録していたのだ。1999年3月にロンドンで英国版の「メトロ」を

(写真左) パリ市内でメトロを手渡す配布人（2013年5月、サン・ラザール駅で）。
(写真右) メトロのパリ版2013年5月22日号。映画の全面広告でラッピングされていた。

創刊。本家のスウェーデン「メトロ」につけいる隙を与えなかった。

　しかし、時がたつにつれ、有料紙がメトロを「身内」として迎えるようになった。この変貌ぶりは、世界新聞協会（WAN）が毎年開く世界新聞大会からも、うかがい知ることができる。

　2003年、ブラジルで開かれた世界新聞大会編集者フォーラムの座長（ブラジル紙編集長）は大会前に「メトロ」を「スウェーデンの侵略者」と呼んだ。

　それが2005年にソウルで開かれた世界新聞大会になると、各国の新聞協会から各国内における無料紙について詳細な報告が寄せられ、これらに基づき、ティモシー・ボールディングWAN事務局長が大会の「世界の新聞産業最新情勢報告」の中で無料紙を取り上げ、その傾向と将来予測を述べた。この大会には、メトロのトーンベリー社長兼CEOがセッションのパネラーとして招かれた。

　無料で報道する媒体は、有料のビジネスに直接悪影響を与えない。事実、米国の都市で無料紙が創刊された後、有料紙の部数変動に何ら変化がなかったというニューヨークタイムズの研究報告がある。また、フランスにおいても同様の調査結果がある。

　すべての世代、階層、性別を対象にして発行する有料紙ビジネスに対

し、一定のターゲットに読者層を絞った無料紙のビジネスモデルは、広告主の選択の幅を広げ、発行主には新たな収入源をもたらす。海外の関係者はそんな認識で一致していると筆者は感じている。

■ジャーナリズムにおける存在意義

世界に広がった「メトロ」とライバル紙の存在意義を、ジャーナリズムの観点から筆者なりに総括すると、「メトロ」の創案者アンデションが語ったように、それまで新聞を読まなかった（読めなかった）人々に門戸を開いた点であろう。

スペインのバルセロナ大学のジョルディ・ベントゥーラ元教授（広告マーケティング論）によると、同国の無料紙4紙の主な読者層は、女性と低所得層、移民層だった。「これまで、情報を印刷物ではなくテレビやラジオから入手してきた人たちであり、購買力を持つ14歳以上の国民を所得別に上、中、下の3段階に分け、さらにそのそれぞれを上、中、下の3段階に分けると、下の上と下の中に属する人々が、無料紙の主要読者層を構成していた」という。

中南米への進出が著しい理由がこれではっきりする。つまり、一定の固定的な貧困層を抱えた国々に、無料紙が生まれる土壌があるということだ。有料紙の高い購読率を誇る日本にとっても決して無縁な話ではない。様々な販売促進対策により部数の維持に努めてはいるが、読者の何割が全紙面を熟読しているか、情報を活用しているか、はなはだ心もとない。むしろお金があっても日々忙しく新聞を読む時間が少ない人は多いだろう。携帯やスマートフォンなどの通信機器に出費を強いられて、新聞購読に回せない人も多いと思われる。

無料かつコンパクトな新聞なら、だれもが手に取りやすく、短い時間で1日のニュースを把握できる。アンデションの理想は、報道があまねく誰にでも届くという民主主義の基本を達成することに思えてならない。

国民自らの税金で成り立つ国家ないし政府が、日々どのような方針で活動を行っているか。次の選挙は、どこの党のだれに投票すべきか。こ

うした政治行動の裏付けとなる情報の入手と政治への評価及び参加意識は、報道抜きには考えられない。

テレビのニュースは定時にしか流されず、細切れである。インターネットの情報はたまに当たりはあっても玉石混交。スマートフォンやタブレットを使いこなすデバイスの世代間ギャップはいまなお著しく、今使いこなしている若者もデバイスの進化に振り回されて、いつかは年を取り息切れするだろう。

一方、かつて有料新聞の記者として公正な記事を読者に届ける立場にあった筆者は、広告収入のみに頼る無料媒体の報道にやや懐疑的だった。広告主への配慮をするあまり、掲載記事の内容の選定から表現にいたるまで、自粛や遠慮が生じないかと考えたからである。この点について、前述のアンデション氏に問いただしたところ、以下のような答えが返ってきた。

「有料紙も無料紙も、同じものを売っています。ただ、私たちは、読者が読むために費やす時間を、広告主に売っているのです。記事が面白いから、読者はそれを読むための時間を割く。新聞はそれを広告主に売っている。私たちは読者から時間をもらい、それを広告主に売るビジネスをしているのです。ですから、『読者の購読料によって得るべき収入を広告に依存している』というような非難は全く間違っています。無料紙のビジネスも、広告の手にではなく、間違いなく読者の手の中に委ねられているのだからです。読者の信頼と時間をもらえなければ、売るものは何もないのですから」

民主主義の基礎を支える報道系ビジネスモデルの選択肢の一つとして、報道系日刊無料紙の存在は今後も重みを増すに違いない。

第3節　日刊無料紙が日本に誕生しない理由

■ 地方紙の狭間で奮闘する無料紙

　大都市での報道系日刊無料紙はわが国にはまだ存在しないが、地方紙の手の及ばない小さな地域で発行している無料紙は存在する。メトロのような報道系日刊無料紙の発行に挑戦しながら、挫折した例もある。

　国内で日刊無料紙は数えるほどしか存在しない。「滋賀報知新聞」(本社・滋賀県東近江市)と「サンデー山口」(同・山口市)、「経済の伝書鳩」(同・北海道北見市)の3紙である。いずれも地方紙の影響が及びにくいすき間で影響力を発揮する地域情報紙だ。

　「滋賀報知新聞」は国内の無料日刊紙として最古の歴史を持つ。大阪読売新聞の販売店を東近江市合併前の旧八日市市で営んだ深田正治(2002年没)が創業した。1954年、大阪読売に週1回折り込むタブロイド判の付録「湖東よみうり」を創刊。これが滋賀報知新聞の前身である。

　1955年に独立した。現在、8ページ建てのタブロイド判2万4600部を東近江市と蒲生郡蒲生町で毎日発行するほか、大津市から彦根市までは、発行回数を地域によって週4回から週3回、週1回、隔週まで、きめ細

1954年創刊の「滋賀報知新聞」。部数は少ないながら、現在も批判精神は旺盛だ。

かく変えている。発行部数は計約29万部にのぼる。

「サンデー山口」は県紙だった防長新聞が1977年に廃刊となった後に創刊された山口県の地域ニュース紙である。日本水産新聞の下関駐在記者から防長新聞に入社し、専務にまで上り詰めた開作惇(あつし)(1994年没)が1978年に立ち上げた。大手3紙とブロック紙の販売店の要望を受けて、現在まで4紙への折り込みによる宅配を続けている。

水曜と金曜、土曜の週3回、山口市でタブロイド判、6万8000部を発行する。週5回発行したこともあるが、日曜と木曜の発行をとりやめた。背景にはライバル紙誌の出現による深刻な経営事情があった。月刊無料誌「ぷらざ」が2000年に進出。さらに無料週刊紙「ほっぷ」(地域情報新聞社)が創刊され、山口市内の広告主の選択の幅を広げたのだ。先代を引き継いだ開作真人社長は「生活情報だけでなく地域全体のニュースを報道する使命を全うしていくこと。これをいま一度広告主に見直してもらうのが急務」という。

■ 北見・網走でシェアを誇る「経済の伝書鳩」

北海道北見市の「経済の伝書鳩」は1983年に創刊された。地元で不動産業を営む藤澤和光(2002年没)が興した夕刊紙である。現在は長男の利光が社長、次男の達夫が副社長兼発行責任者となって引き継いでいる。

原則16ページ建て。日曜を除く週6回、北見市と網走市、美幌町、津別町、端野町、置戸町、訓子府町、留辺蘂町、女満別町の2市7町で発行、全体の配布率は90%を超える。地元ブロック紙と全国紙が束になっても、同エリアでの購読率は50%から70%台と遠く及ばない。

まず人気となった記事は「おばあちゃんの知恵袋」。昔ながらの食事や養生の知恵を製薬会社が冊子にまとめ、各戸訪問時に配っていた。その冊子から記事を引用し仕立て上げたものだ。

最大の目玉記事は、カラー顔写真入りの死亡広告欄である。縁起の良くないものだけに当初読者の多くは腰を引いたが、実際に顔写真が堂々と掲載された紙面を見て、故人に礼を尽くし弔うのに最適な方法と評価

しはじめた。次々と注文が殺到し、同紙に死亡広告を出すのがこの地域の常識になった。

有料紙に対抗するため、時事通信社から記事の配信を受け、「もぎたてのホットニュース」と題してその日の朝の記事を6、7本短くまとめて掲載している。

「滋賀報知新聞」と「サンデー山口」は、いずれも報道畑の出身者が地域情報の重要性を認識して創刊した。役所の情報を扱うにしても、時として批判することもあり、有料の地方紙に劣らずジャーナリズムを追求している。一方、「経済の伝書鳩」はあくまで地域ニーズを吸い上げることを目指した結果、全国にもまれな独創性のある紙面が出来上がった。

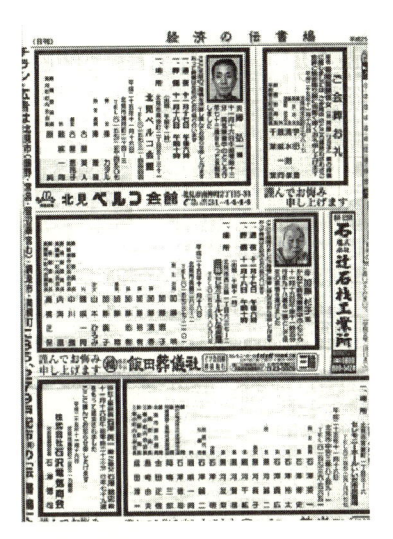

「経済の伝書鳩」 2013年11月16日号の死亡広告欄。顔写真入りの通夜・葬儀のお知らせのほか、会葬お礼やとりあえずのご逝去のお知らせなど、さまざまな形で構成されている。

■「HEADLINE TODAY」の挑戦と挫折

次に海外の「メトロ」を手本に東京で初の無料日刊ニュース紙として登場した「HEADLINE TODAY（ヘッドライン・トゥデイ）」を取り上げる。同紙は2002年7月に創刊されたものの赤字経営が続き、同年11月に「TOKYO HEADLINE（トウキョウ・ヘッドライン）」と紙名を変え、週刊紙（毎週月曜日発行）として再出発した。

同紙のつまずきの原因は、メトロ型日刊無料紙発行の条件である①通信社との記事配信契約、②地下鉄駅構内でのラック設置、③大手広告主の確保、のいずれもが整わなかったためと言われている。むろん発行責任者はこれらの条件をかなえるよう奔走したが協力は得られず、孤立無援のままの見切り発車となった。

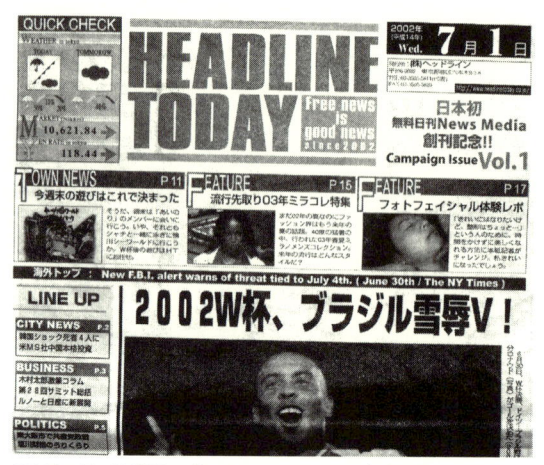

2002年7月1日発行の「HEADLINE TODAY」創刊号

　出資者は宇野康秀USEN社長（当時）。発行責任者かつ代表取締役社長には元週刊サンケイ記者の中山清美が就いた。元大手紙記者を編集長に据え、編集部員10人、広告営業と総務を合わせて計20人足らずの小部隊で資本金は1億円。通信社の記事提供や地下鉄でのラック設置、大手広告代理店の協力を求めて東奔西走した。しかし、彼らは様々な困難にぶつかったという。

　共同通信社には「加盟社からお金をいただいている社団法人としての立場から協力はできない」と門前払いを食わされた。時事通信社には役員と面会、提供データや料金の話まで進み、いざ契約という段になって、担当者から「ご協力できません」と断られたという。

　この結果、英国のロイター通信と国際経済系のブルームバーグの2社とだけ契約。国内記事はしばらくロイター通信経由で流せたが、それもできなくなり、海外情報に大きく依存することになったという。

　広告会社も電通を筆頭に取り次ぎを軒並み断られた。交通機関での置き場所確保も暗礁に乗り上げた。営団地下鉄（当時、東京メトロ）のトップを通じてラック設置を申し入れたところ、「ニュースを扱う媒体を駅構内に入れることはできない」と断られた。ＪＲ東日本も同様だった。

印刷はスポーツ新聞系の印刷会社に委託することになっていたが、発行する数日前になって「印刷できなくなった」と言ってきた。資本提携している大手一般紙からの圧力があったとほのめかされたという。用紙の確保にも手間取った。大手製紙会社が「おたくに紙は売れない」というのだ。紙上でコラムを書く予定の元テレビキャスターに、大手製紙会社の社長へ口利きをしてもらった。返事は「ヘッドラインにだけは売れないことになっている」だった。業界全体に包囲網が出来ていることを感じたという。

孤立無援の中、「HEADLINE TODAY」は、2002年7月15日、タブロイド判24ページ建て（8ページカラー）公称20万部でスタートした。中国に発注した水色の専用ラックを、主要駅のそばの証券会社や携帯電話店など200カ所に設置した。国内初の無料日刊紙は、大きな注目を集め、多くの新聞、雑誌がこれを報じた。

しかし、通勤客がピックアップしやすい場所にラックを置けない悪条件が致命的だった。ラックに7割以上残る日も多く、広告も思うように集らず赤字がたまった。

創刊間際に産経新聞社の役員から人づてに連絡が入った。当時の専務、住田良能（のちに社長、2013年7月没）から、「週刊にするなら協力してもいい」と言われ、週刊化と国内記事の配信、産経新聞への折り込み、印刷委託を取り交わした。

2003年2月から週刊紙名を「TOKYO HEADLINE」に改め、毎週月曜に発行。印刷費は減り広告集めも楽になって、毎月の赤字の桁が1つ少なくなった。中山は責任を取る形で同年5月に代表取締役社長を辞した。

「HEADLINE TODAY」創刊の軌跡は、日本で初めての報道系日刊無料紙を発行したという点だけでなく、日本の新聞業界の実像をあぶり出したという点で重要な意味を持つ。欧米やアジアで日刊無料紙が自由に発行されている現実と比べてみると、日本の新聞業界が新規参入にいかに閉鎖的かを露呈した。

前出の「経済の伝書鳩」も長年、有料紙関連業界からの妨害に苦しめ

られたという。創刊当初、新聞販売店が使っている自動チラシ折り込み機を導入しようと、機械メーカーの代理店に購入を申し入れたが、「有料紙の新聞販売店でなければ、お売りできない」と断られた。全国を回り、やっと九州の代理店から承諾を得て4台を即金で買い入れた。後に電話が入り「メーカーからなぜ売ったと言われ、損害賠償金を求められたので肩代わりしてほしい」という。仕方なく1台につき約100万円を支払ったという。

配った新聞を郵便受けから抜き取られる被害にもあった。ある町で配達員が夜に張り込み、有料紙の新聞販売店の従業員が自転車で抜き取り回収している現場を写真に撮り、その店に抗議文を送ると被害は収まったという。

高い障壁と閉鎖性、手段を選ばぬ妨害活動が堂々とまかり通っている業界の現実について、ジャーナリストや研究者は一体どのように考えるだろうか。メディアが運ぶコンテンツのあり方だけに関心を示し、大所高所を論じるのもよいが、メディア産業の足元にもっと目を凝らすべきではないかと筆者は考える。これこそ、前節で述べたメディア経営研究の重要性につながるものである。

■ 首都圏での広告需要と読者の受け入れは？

報道系日刊無料紙が今後わが国で誕生する可能性がどこまであるかを考えてみる。まず読者層は、首都圏にどれくらい存在するのか。国土交通省が5年ごとに実施している「大都市交通センサス」(2012年度)によると、首都圏で鉄道を利用する通勤・通学客（定期券利用者）は2010年で約788万人。このうち、日刊無料紙の主要読者になると想定される20代と30代は約302万人にのぼる。経営を支える広告需要はどの程度か。広告業界では、少なめに見て1500億円だが、多めに見れば6100億円といった数字が語られている。

日刊無料紙が誕生したら、首都圏の読者はこれを受け入れるだろうか。朝日新聞の読者を中心にした会員組織「アスパラクラブ」(2004年発足、

2012年に朝日新聞デジタルに統合）が2005年12月に、「日刊無料紙があったら」と仮定したアンケートを、首都圏の1都3県に住むインターネット利用会員18万1000人を対象に行った。

「タブロイド判の日刊無料紙が駅周辺で毎日置かれたり配られたりしたら、読みますか」との質問に、81.7％が「読みたい」と回答。この数字は、電車を利用して通勤・通学している人に限定すると87.7％、年齢別では20代と30代がともに86.4％だった。新聞を定期購読していない人たち（142人）の場合は、97.2％にのぼっている。

「日刊無料紙を駅周辺で入手して読めるようになったら、現在の宅配紙の定期購読はどうされますか」という質問への回答は、「無料紙の内容次第」が53.9％で過半数を超え、「わからない」19.1％、「その他」24.8％だった。

■ 鉄道会社の効率的な新ビジネス

「HEADLINE TODAY」創刊時とは異なり、JRや地下鉄などの鉄道会社にとって、無料紙誌に配布用ラックを置く場所を提供するビジネスはここ数年、重要性を増している。設置代は鉄道の路線によっても駅によっても異なる。たとえば、2003年12月から始めたJR東日本の場合、月に3万円強から40万円強の10段階に設定している。街中のコンビニの置き代約3万円に比べると高額だが、置かせてもらう側は「はけ方が違うため十分割に合う」という。8社から毎月計5000万円、年6億円の置き代収入が入る。首都圏約40駅で求人誌や住宅情報誌を実験的に置いた。2004年に東京、神奈川、群馬、埼玉、栃木、千葉の約200駅に、約400のラックを設置したところ、他の会社からも参入の希望が殺到した。

東京メトロはメトロ3誌（「アーバンメトロライフ」「メトロミニッツ」「メトロポリターナ」）のほか、リクルート社の「R25」「メトロガイド」の計5誌について改札口付近へのラック設置を認めた。

鉄道会社にとって、フリーペーパーを置かせて場所代を徴収するビジネスは、元手のいらない濡れ手で泡の商売と言える。どの会社も売店や

中吊り広告のお得意様である新聞社や出版社に気を使いながら、ここ数年の間にできるだけ多くのラック設置を図ろうという姿勢に転じている。

通信社の姿勢は変わっていない。共同通信社は国内のブロック紙や地方紙が加盟社員となって構成する社団法人であることから、記事配信契約など重要な案件は、主な社員が代表する理事会の決定事項と定款で決められている。つまり既存の有料紙にとって損害や不利な条件を与える契約を結べないのである。時事通信社は株式会社であり、自由な契約が可能なはずだが、先行契約社を優先する方針で、やはり有力な全国紙や地方紙などの顔色をうかがわなければならない。

首都圏に日刊無料紙が誕生する条件を挙げると、潜在的な広告需要は十分あり、読者も歓迎姿勢を隠さず、鉄道会社もラック設置に熱心でありながら、肝心の通信社が記事提供に二の足を踏んでいることがわかる。

■ 外資の進出と有料紙が発行する可能性

外資による国内での発行の可能性はあるか。世界中の都市での発行を目指す「メトロ」も日本での発行を図り、水面下で動いているようだ。

2000年、「メトロ」の副社長が来日し、フリーペーパーの老舗、サンケイリビング新聞社の菊野善衛社長（当時）に面会、日本進出を巡る条件を聞き出した。東京に限らず、名古屋や広島など発行の条件を満たす中核都市にも関心を持っていたという。菊野は日本の新聞・通信社から国内記事配信を受けるのも、地下鉄や大手広告代理店の協力を得るのも難しく、「日本でのメトロ発行はほぼ不可能だ」と答えた。「メトロ」の副社長はびっくりし、「そんな条件は外国なら簡単にクリアできるのに。日本は特殊な国だ」と感想を漏らした。

「メトロ」は2002年4月に「metro」の商標を日本で登録。同年末には「韓国メトロ」の代表者が来日し、国内の情報収集のため東京メトロを訪れるなど、発行の基礎固めを済ませている。

しかしながら、日本語による日刊報道に欠かせないニュース源は新聞社や通信社、放送局が握っている。「メトロ」などの外資にとって、報

道各社の協力は不可欠であり、日本国内におけるパートナー探しが鍵となるだろう。

　日本の新聞社や放送局などが自ら日刊無料紙を発行する可能性も考えられる。首都圏に限らず、有力なブロック紙や地方紙が、金城湯池のエリアにある地下鉄などの交通網を利用して、日刊無料紙を地元の通勤者に届けることもできる。首都圏と違ってライバルがいないブロック紙などはきわめて有利と言えるだろう。

第4節　地方紙フリーペーパーの公共的役割

■行政と新聞社系フリーペーパーの連携

　次に、行政との連携を通したフリーペーパーによる「公共」への貢献について述べる。産経新聞社営業局から生まれたサンケイリビング新聞社（1977年創業）と、中日メディアブレーン（1998年創業）は、2000年から行政と連携した事業を行っている。全国で約1000万部のリビング新聞を発行し、そこで構築した主婦目線の生活情報紙ノウハウを活かすサンケイリビング新聞社と、脱フリーペーパー路線の中日メディアブレーン。2社の取り組みを継続事例として取り上げる。

　PPP（Public Private Partnership＝官民連携）の考えに基づく地方自治体との協働事業として、2005年、サンケイリビングと横浜市は日本初となる『くらしのガイド（便利帳）』を協働で発行した。これは従来、横浜市で発行していた「横浜市民便利帳・暮らしのガイド」と、リビングが発行していた生活ガイドブック「Living Eye（リビング・アイ）」を合体させたものだ。

　財政難で広報活動や地域活性化への予算削減を求められる自治体が増える中、横浜市はフリーペーパーとの提携で経済合理性と広報活動拡充の両立を目指した。一方のサンケイリビング新聞社は自社の強みとして、①読者を惹きつける生活者目線の編集ノウハウ、②安定して地域広告を

集める営業実績、③独自の厳しい広告掲載基準と審査機能、を掲げた。
　各自治体のニーズに合う記事編集や、安心・安全な広告導入をアピール。行政広報担当者を対象にした「自治体広報における広告活用セミナー」や、世田谷まちなか観光研究会委員などへの委員の派遣、広報紙づくりの講義も行い、まちづくりを通して行政とのパートナーシップを深め、他媒体との差別化を図った（いずれも2013年1月現在）。首都圏では「暮らしのガイド」など約20媒体を行政と協働して発行している。首都圏を除くリビンググループの協働発行物は約20媒体、受注物を加えると倍を超す。

■「ソーシャルペーパー」という意識

　出版社の一つ、「中日メディアブレーン」は社会貢献型地域情報紙「ソーシャルペーパー」の発行を特徴とする。環境情報紙『Risa（リサ）』やシニア情報紙『ローズ』などの中日新聞朝刊折り込み情報紙を

中日メディアブレーンが発行する社会貢献型ソーシャルペーパー、環境情報誌『Risa（りさ）』（左）と、シニア情報紙『ローズ』（各2013年8月号）

編集、発行し、現在は発行媒体合計で毎月250万部以上を各家庭に配布している。

代表取締役社長の江口敬一は、創業時からフリーペーパーという単語は使わず、従来のフリーペーパーを連合広告による「コマーシャルペーパー」と捉え、そうではない媒体づくりを目指した。創業当初から主婦をターゲットにすることを考えず、紙面での広告比率を抑え、メッセージ内容を一貫させた編集方針を持つ社会貢献型「ソーシャルペーパー」を構想した。また、広告専用の総合広告会社『中日BB』を創立。ここでは編集と広告を完全に分断している。中日新聞よりも厳しい広告審査基準を堅持し、記事体広告は一切作らない。メディアブレーンは出版社として、中日BBは広告会社として別個の収益を出す関係を築き上げた。

『リサ』発行に至る経緯は興味深い。1999年、名古屋市は「ごみ非常事態宣言」を出した。ごみ処分場に予定していた藤前干潟の埋め立てを断念、ごみの減量は死活問題だった。

当時市内で新聞販売店を経営していた（2006年まで）江口は、新聞の古紙について、中日新聞社や販売店組合に対し、民間団体や古紙回収業者と連携して回収の日時・場所などの情報を掲載したチラシを新聞に折り込んで一般市民に告知することを提案。その結果、中日新聞社と販売店組合による「名古屋リサイクル推進協議会」が設立された。

中日新聞でリサイクルステーション（中部リサイクル運動市民の会）の開催を毎日告知し、チラシにも毎月の開催スケジュールを掲載したところ、リサイクルステーション単独時は35トン前後の回収量が、告知1年後には550トン以上に増加した。

こうした活動の啓蒙・啓発のための媒体として、中日新聞社と販売店の支援を受けて誕生したのが、タブロイド版の『リサ』である。市内の全発行新聞社とその系列販売店・製紙会社・古紙回収業者組合・学区連絡協議会・市民団体と名古屋市とで、1999年に「なごや古紙リサイクル協議会」を設立。小学校の学区単位のエリア別に町内会長などで組織する学区連絡協議会と新聞販売店古紙回収業者が連絡を取り合って回収を

進める「学区協議会方式」という新たな古紙回収システムを構築した。

　創刊以来、『リサ』はリサイクルステーションや古紙リサイクルセンターの開催情報を軸に、リサイクルから環境を考える編集方針を貫いている。同社は「プラットホームとして、自立的地域社会の確立に貢献できる媒体は、社会的信用力と実績を持つ、社会貢献型のソーシャルペーパーだけ」とする。媒体発信に限らず社会的に多様な主体を結び、社会や地域の課題解決のためネットワークを構築。現在はソーシャルペーパーをプラットホームとして、市民・NPO等非営利組織・企業・行政との協働事業を継続している。

■ 新たな配送方法の確立も課題

　サンケイリビング新聞社は、今まで構築した生活者（主に主婦）目線と地域ネットワークを強みに、生活者にささる編集と独自の広告審査力を行政に訴求してきた。従来型フリーペーパーならではの編集と広告の距離の近さが編集の質を損ねない広告記事や広告の提供を可能とし、行政広報が持たない編集と広告営業のノウハウを強みに、行政との協働ビジネスを成立させた。配布には全国各地のリビングレディ（リビングプロシード管轄）を活用。この独自配布組織は2013年4月現在で1万5450名だが、同社では配布を必要としない行政発行物も手掛けており、行政との協働では絶対不可欠の要素ではない。

　中日メディアブレーンは脱主婦、脱広告である。中日新聞への折り込みをデリバリーのインフラとし、社会啓蒙を促す脱フリーペーパー紙面を基軸とした展開を実践する。彼らは広告や編集のアドバイザーではなく、社会的問題を行政と共に解決する企画提案者だ。

　だが業界全体で抱える課題もある。日本新聞協会が発表した全国新聞販売所従業員などの状況調査（2011年10月現在）によると、従業員総数は前年から1万4337人減の37万7495人で、3.7％という過去15年最大の減少率となった。今後、新聞折り込みや戸別配布に頼れなくなる可能性もある。地域の行政とタッグを組む地域情報無料紙は、地元のポスティング業

者と連携するなど、新たな配布方法を早急に見出す必要があるだろう。

第5節　ネットの壁を乗り越えられるか

■デジタルメディアの駅間対策進む

　無料紙に限らず、報道などの公共性を支えてきた紙媒体全体が抱える最大の問題は、デジタルメディアによる影響だろう。ここ約20年間、インターネットの普及により広がったデジタルメディアは、次々に新しいアプリケーションやデバイスを生みだしてきた。有料紙も、無料のニュースサイトを軒並み立ち上げ、次第に独自の有料路線に舵を切ったところもある。スマートフォンやタブレットなどの小型機器を持ち運ぶだけで、どこでもインターネットとの接続が可能となり、必要な情報をダウンロードできるようになった。自宅や職場などでパソコンを利用するレベルから飛躍的に機能を向上させた。

　通勤電車でのデジタルメディアを利用する場合、地下鉄の駅から駅の間（駅間）や鉄道トンネル内で、つながりにくいことがネックだった。こうした駅と駅の間での通信整備は通称「駅間対策」と呼ばれているが、この工事がここ数年で急速に進展した。

　首都圏の場合だと、東京メトロと都営地下鉄では、2013年3月までに全駅間で通信整備工事を終えた。JRでは、全国のトンネル1272カ所（927ｋｍ）のうち、100カ所（114ｋｍ）が整備済み。終わったのはほとんどが埼京線や総武快速線など首都圏に集中している。

　ちなみに通信基盤整備工事は、関係17社からなる「移動通信基盤整備協会」が、NTTドコモやソフトバンク、KDDI、イー・アクセスなどのキャリア会社からの依頼を受けて行う。経費は原則としてキャリア側が負担。新幹線など重要な路線は、国が3分の1を補助し、残りを協会と鉄道会社が負担する。鉄道会社の負担の軽さが、工事の急速な進展を後押ししている。

地下鉄の駅間や鉄道のトンネル内でも、デジタルメディアで最新のニュースをダウンロードできる環境が整いつつある。つまり今後、日刊無料紙が誕生するとしても、強大なライバルがすでに待ち構えていることになる。

■ なお残る紙メディアの優位性

しかしながら、デジタルメディアに対する紙メディアの優位性も存在する。東京大学の尾鍋史彦名誉教授（日本印刷学会評議員）の『紙と印刷の文化録──記憶と書物を担うもの』（印刷学会出版部）によると、人間の脳内の記憶装置には「短期記憶装置」と「長期記憶装置」があり、「紙の書籍の場合には記憶を妨げる要素はなく、安定的に深く記憶装置に入っていく」。「それまでに蓄えられた知識を新しい知識が入れ替えながら長期記憶装置に定着させ、人間の新たな知識となり、知性の向上に寄与することになる」というのだ。

一方、電子書籍の場合は「紙の書籍にはない違和感が記憶を阻害し、短期記憶装置に留まってしまい、長期記憶装置に移行しにくい」。つまりは「電子書籍はとりあえず情報を読み取れるので一時的な情報の検索や娯楽および格別の目的を持たない読書には役立つが、知識が長期記憶装置には定着しにくいので、人間の知的な向上への寄与という面では紙の書籍が今後も優位性を持ち続けるだろう」としている。

こうした両メディアの記憶定着の傾向を認知科学や脳科学の立場から実証しようという試みも始まっている。

東海大学工学部の前田修一教授（電子ペーパーなど専攻）は、デジタルメディアの登場による紙メディアの役割の変化を重要視する。両者には得意な分野と不得意な分野があるという。例えば、読みやすさ（見えやすさ）や相互参照、注釈は紙が優れ、書き直しや保存、情報へのアクセス、送信、複製はデジタルがまさっており、それぞれが裏表の関係にある。

紙の新聞の情報発信量は、1996年の4.5×10^9語から2006年の4.9×10^9

語と横ばいで安定している。新聞用紙の内需も、2002年の370万トンに対し、2008年で363万トンとやはり横ばい状態となっている。最近の電子新聞の普及がせいぜい数十万単位であることを考えると、紙の新聞への影響はしばらくの間、微量と推測される。

新聞産業に携わる人口は、宅配する人を含め40万人を超すといわれる。宅配システムという日本独特のビジネスモデルが簡単に壊れることはないだろう。「紙の新聞が主で、電子新聞が補完する関係がしばらく続く」と前田教授はみている。

■「紙とデジタル」は補完し合って進化する

デジタルメディアは、メール（手紙）、検索と保存（蔵書や図書館）、メルマガ（雑誌）、ニュースサイト（新聞）、動画（テレビや映画）と、あらゆる旧来のメディアが担う分野に触手を伸ばしてきた。フリーペーパーの分野にも浸透し、とりわけ最近では求人誌、グルメ誌といったタウン情報誌部門に圧倒的な強さを見せつけている。しかも、フリーペーパーが読まれる場所として最重要ポイントである駅やその間の通信環境がほぼ整い、デジタルメディアの普及と使用頻度は一層増すことだろう。

ただし、なお紙メディアが優位を占める点も多い。マーシャル・マクルーハンの「メディアはメッセージである」のごとく、情報はそれぞれのメディアを通して、違ったメッセージ性をもって相手に伝わるものだからである。紙メディアが持つ質感や読みやすさ、運びやすさ、捨てやすさにおける優位性は今後も変わりはない。デジタルメディアが、読みやすさや記憶に残りやすいデバイスの技術革新を進めていく一方で、紙メディアもまた保存性に優れた紙質の追求など新たな機能を加えていくだろう。

紙メディアはデジタルメディアとの補完関係を維持しながら、ともに進化をなしつつ、共存していくに違いない。紙メディアの中では新しいビジネスモデルであるフリーペーパーも同様である。

【参考文献】

稲垣太郎『フリーペーパーの衝撃』集英社新書、2008年

稲垣太郎「国内日刊無料紙の挑戦と壁」『朝日総研リポート AIR21』第182号、2005年7月号

稲垣太郎「古い新聞が死ぬ日──メトロ創刊者インタビュー」『朝日総研リポート AIR21』第185号、2005年10月

欧州のフリーペーパー調査サイト　ニュースペーパー・イノベーション http://www.newspaperinnovation.com/　(2013年12月25日現在)

尾鍋史彦『紙と印刷の文化録──記憶と書物を担うもの』印刷学会出版部、2012年、PP.154-155

廣瀬英彦「欧米のフリーペーパー」『JAFNA通信』2001年8月～2004年8月
　　　　「世界のフリーペーパー」『JAFNA通信』2004年10月～2007年8月

前田秀一「デジタル社会における紙メディアの役割」『日本印刷学会誌』第49巻第4号、2012年、PP.258-262

森治郎「『無料日刊紙』は世界を覆うか」『朝日総研リポート』第149号、2001年4月

第5章

「ヤフー・ニュース」成功の要因と今後の課題

「利益重視」で試される編集姿勢、モバイル対応も焦点

■

井坂公明　いさか・きみあき

1954年茨城県生まれ。79年東京大学法学部卒。時事通信社入社、編集局政治部次長、長野支局長、マスメディア総合本部調査部長、編集局整理センター整理部長。2009年4月から2年間、東洋大学社会学部メディアコミュニケーション学科で非常勤講師。

本章の主張

　「ヤフー・ニュース」は、コストのかかるニュースの自前取材には手を出さず、新聞社などから記事を購入して読者に無料で提供するというビジネスモデルで、今や日本最大級のニュースサイトに成長した。

　ほぼ同時期に開設したにもかかわらず、新聞社のニュースサイトを大きく上回る成功を収めたのは、「ニュースの一覧性と多様性、網羅性」という自らの特色を最大限に生かし、読者目線に立って新聞社サイトに足りない点を充実させてきたからだ。

　激変する日本のメディア環境の中で、今後も大きな存在感を維持していくには、コンテンツの一層の充実に努めるとともに、ユーザーが急増するモバイル分野で優位に立つ必要があろう。また、運営主体のヤフー株式会社が「利益重視」の経営方針を強めていく中で、公共性を意識する編集方針とどのように折り合いをつけ、メディアとしての社会的責任を果たしていくかなど抱える課題も少なくない。

第1節　ヤフー・ニュースの誕生と成長、現状

■ 1996年「Yahoo! JAPAN」の１部門として誕生

「Yahoo!ニュース」（以下「ヤフー・ニュース」という）は、運営主体のヤフー株式会社[1]がポータルサイト「Yahoo! JAPAN」[2]の一部門として1996年7月に開設したニュースサイトだ。Yahoo! JAPANは、まずネット検索サービスとしてスタートし、次に生活に欠かせない天気とニュースをコンテンツに選んだ（**表**参照）。

ヤフー・ニュースの月間ページビュー（PV＝閲覧ページ数）は1998年3月には1000万程度だったが、同年7月には3000万、1999年6月時点で6000万に、同年8月には9000万を上回った[3]。その後、PVは2000年代に

表　『ヤフー・ニュース』関連年表

年月	出来事
1996年1月	ヤフー株式会社設立。
4月	ポータルサイト「Yahoo! JAPAN」誕生。
7月	ヤフー・ニュースがスタート。当初の記事提供社は毎日新聞とロイター通信の2社。
1998年3月	時事通信が記事提供開始。
7月	「ヤフー・トピックス」のコーナーを新設。
2001年8月	読売新聞が記事提供開始。
2002年12月	共同通信が記事提供開始。
2003年7月	民放3系列（NNN、JNN、FNN）が動画ニュース提供開始。
2004年4月	産経新聞が記事提供開始。
2006年12月	共同通信がフィーチャーフォン向け以外の記事提供を停止。
2008年9月	18誌を集めた雑誌コーナーを開設。
2011年6月	産経新聞配信の故三浦和義氏の逮捕時の写真を掲載したことに対し遺族が慰謝料を請求した訴訟で、東京地裁が賠償命令。
2012年2月	上記訴訟で高裁への控訴を取り下げ、ヤフー側の敗訴確定。
7月	経済・ビジネス情報に特化した「ヤフーニュースビジネス」開始。
9月	「ヤフー・ニュース個人」スタート。
10月	朝日新聞が記事提供を開始。
2013年1月	ヤフー・ニュース上で簡易版の有料ニュース配信サービスを開始。第1号は「朝日新聞デジタル SELECT on Yahoo!ニュース」。
5月	4月に設立した子会社で、ニュースの解説などの副教材を作成、ヤフー・ニュースなどに掲載。

（筆者作成）

入ってから急速に増大。1995年から96年にかけて相次いでスタートした「アサヒコム」（現「朝日新聞デジタル」）や「読売オンライン」、「NIKKEI NET」（現「日経電子版」）など新聞社系のサイトに差を付け始めた。

ヤフー株式会社によると、2013年9月現在では月間PVが87億（モバイルを含む）と桁外れの規模に成長した。

ニールセン調べによると、2013年7月の家庭・職場のパソコン（PC）からの訪問者数は、ヤフー・ニュースが2634万人とトップで、2位の読売オンラインの714万人を大きく引き離している（**図1**）。また、同月の家庭と職場のPCからのPVを見ても、ヤフー・ニュースが25億で、2位のMSN産経ニュース（3億）の8倍以上と突出している[4]。

ヤフー・ニュースへの記事提供社は新聞社、テレビ局、出版社、ネット専門のニュースサイトなど合計157社、250媒体に上る。さらに約260人の個人（ブログ）からもコンテンツの提供を受けている。一日に読者の閲覧に供している記事の本数は約3500本。記事のアーカイブ（保存）期間は最短2日〜最長無期限で、提供社との契約によって異なる。アーカイブ分も含めれば、読者は約20万本の記事を読むことが可能だ[5]。

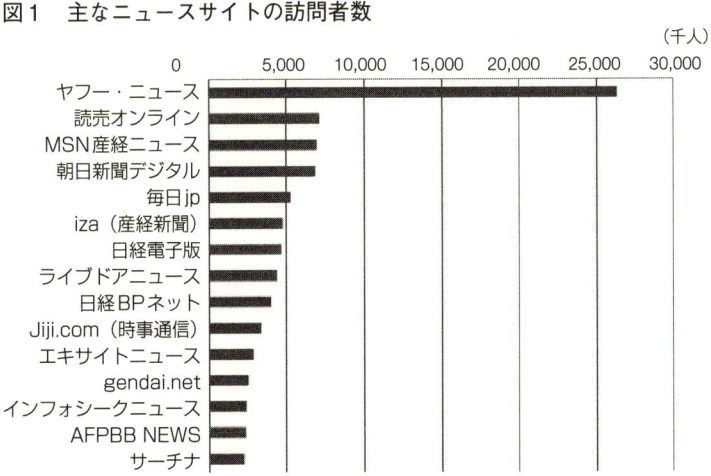

図1　主なニュースサイトの訪問者数

（注）2013年7月、家庭と職場のPCからのアクセス。ニールセン調べ。

■ 編集者の価値判断重視の「トピックス」

　コンテンツは、「トピックス」と呼ばれるニュースを軸としたリンク集と、それ以外の速報記事、読み物、コラム、お天気の記事、個人のブログなどの2種類に大別される。

　ヤフー・ニュースの「1面記事」とも言えるトピックスは、読者の利便性を図るため情報を1カ所で見せるというコンセプトの下、重要記事をピックアップし、関連サイト（ホームページ）を付けて掲載するもの。一度に8本、1日に計60〜70本が選ばれ、見出しは13文字以内でYahoo! JAPANのトップページ上部中央の最も目立つ位置に掲載される。この8本は原則として国内、国際、経済、エンタメ、スポーツ、IT、科学、地域の各ジャンルごとに選ばれ、硬軟のバランスが取れるよう並べられる。

　トピックスの特徴は、「グーグル・ニュース」などと違って、人間の価値判断や感性を介在させている点だ。毎日3500本の記事の中から60〜70本を選択し、独自に見出しを付ける作業は編集者が行う。

　これに対し、トピックス以外の記事は配信された状態のまま、変更を加えず「レコメンドニュース」などの形で掲載される。掲載順は必ずしも先着順ではなく、重要度はコンピューターがプログラムに基づいて判断するが、提供社から配信されてきた記事は全て掲載しているという。

　2013年8月からは、ネット上で話題のニュースを機械的に集めてきて自動表示するサービス「Buzz」をスタート。コンテンツは記事提供社から配信された記事以外にも広がった。

■ 30人でニュースを24時間ウォッチ

　ヤフー・ニュースの担当者は総勢約130人。このうちトピックスなどを担当する編集は約30人。3交代のシフトで、ニュースを24時間ウォッチする体制を敷いている。東京で災害が起きた場合に備え、大阪支社にも人員を配置している。編集担当者は、既存メディアの経験者が大半を占めていたが、2011年7月には、大学を卒業したての新人が初めて配属

されるなど人員構成に変化も見え始めている。

他にプランニングやプロモーションを担う企画担当が約30人、開発を担当するエンジニアやプログラマー、デザイナーなどが約70人いる。

最初からインターネット上のニュースサイトとしてスタートしたこと、またヤフー株式会社がIT関係の企業として創業したこともあって、新聞社など編集中心の既存メディアとはかなり異なった陣容となっている。

また、ヤフー株式会社全体（約3800人）から見ると、ヤフー・ニュースは1部門に過ぎないことが分かる。

■ 毎日、読売…ついに朝日も記事提供

記事の提供社は、当初は毎日新聞とロイター通信の2社だけだった。その後、産経スポーツ（1998年1月）や時事通信（1998年3月）のほか、北海道新聞（1998年6月）、河北新報（同）、中日新聞（同）、京都新聞（同）、西日本新聞（同）などの地方紙も加わり、スタートから2年後の1998年7月には計11社に増えた。

1999年8月には19社、読売新聞と琉球新報が加わった2001年8月時点では34社に増加。2002年12月には共同通信が参加。NNN、JNN、FNNの民放テレビ3系列が動画ニュースの配信を始めた2003年7月には40社と徐々に充実し、2004年4月になって産経新聞も加わった[6]。

提供社の種類も全国紙や地方紙、テレビ局にとどまらず、日刊工業新聞などの業界紙・専門紙やスポーツ紙、Tech Crunch Japanなどのネット専門のニュースサイトにまで広がった。

2006年12月になって共同通信がフィーチャーフォン（カメラなどの付加機能の付いた携帯電話）向け以外の記事提供を停止したものの、地方紙、雑誌などが新たに加わり、コンテンツはさらに手厚くなっていった。

2012年10月には、それまで要請を拒んできた朝日新聞もついに記事の提供を開始。これにより、全国紙レベルのメディアで記事を提供していないのは日本経済新聞、NHK、共同通信（フィーチャーフォン向けは提供）の3社だけとなった。

■ 日本のオンライン・ニュース市場で主導権

英オックスフォード大学のReuters Institute for the Study of Journalismが2013年に公表した調査「Digital News Report 2013年版」によると、オンライン（ネット）・ニュース読者にアクセスしているサイトのタイプを聞いたところ、「アグリゲーター（自前では取材せず、ネット上のニュースを収集・整理して読者に提供する業者）」と答えた人が「伝統的なニュースブランド」「ソーシャルメディア・ブログ」と答えた人を上回ったのは、調査対象9カ国（米、英、独、仏、伊、スペイン、デンマーク、ブラジル、日本）のうち、日本だけだった。他の8カ国では、新聞などの「伝統的なニュースブランド」が断然トップ。日本のオンライン・ニュース市場はヤフー・ニュースを中心とするアグリゲーターのニュースサイトが主導権を握っているという、世界的に見ても特異な状況にあることが浮き彫りとなった[7]（図2）。

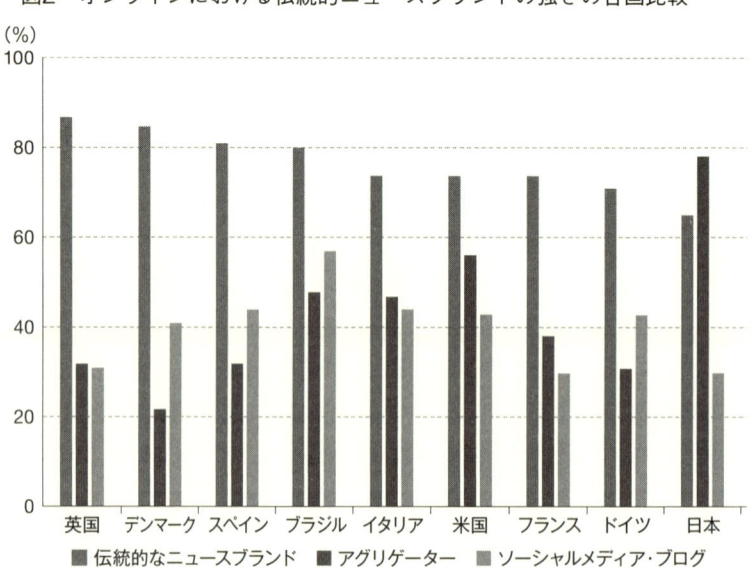

図2　オンラインにおける伝統的ニュースブランドの強さの各国比較

出典：Reuters Institute「Digital News Report 2013年版」

第2節　ヤフー・ニュースのビジネスモデル

■ニュースのアグリゲーター

　ヤフー・ニュースのビジネスモデルは、新聞社やテレビ局、出版社など既存のメディアから有料で記事の配信を受けて、読者に無料で見せ、広告収入を稼ぐというものだ。自ら取材しニュースを制作することは基本的にしない。

　2012年9月からは個人発のコンテンツ「ヤフー・ニュース個人」を新設。約260人のブロガー・専門家らに対価を支払って記事の執筆を依頼し、読者の閲覧に供している。記事の購入料金や人件費などのコストをいかに低く抑えるか、またPVをいかに増やして広告収入を大きくするかがこのビジネスモデルの成否を左右する。PVを増やすため、看板のトピックスの見出しをYahoo! JAPANのトップページに掲載するなど、様々な工夫を積み重ねている。

■ニュース周辺のコンテンツは自ら制作も

　2013年4月に設立したヤフー株式会社の100％子会社「ワードリーフ」で「THE PAGE」という媒体を作り、同年5月からニュースの理解を助けるための分かりやすい解説やグラフィックスを制作し、ヤフー・ニュースにも掲載している。ただ、自らニュース本体の取材・制作に踏み出すことについては「現実問題としてはない。コストの要素も大きいし、ノウハウもない」（祝前伸光メディアサービスカンパニー・ヤフー・ニュース・サービスマネージャー＝肩書きは2013年9月の取材当時）と否定的だ。

■「記事のプラットフォーム」を標榜

　できるだけ多くの媒体のニュースを見ることができるようにしたいというのが、ヤフー・ニュースの大方針だ。そうしたコンテンツを載せる

容れ物、場を提供するという意味で「記事のプラットフォーム」を標榜している。究極的には自社サイトがない企業や自社サイトをやめた企業でも、コンテンツを預けてもらえば、それを読者に提供できる場にしたいという。2007年ごろからは、提供記事に提供元の関連記事を付けてリンクを張り、そこから提供元サイトへの訪問者を増やす試みを始め、「送客のプラットフォーム」としての地位も確立した。

また、2013年1月には、新聞社の有料ニュースの簡易版をヤフー・ニュース上で販売する事業をスタートさせた。第1号は朝日新聞の「朝日新聞デジタルSELECT on Yahoo!ニュース」（月額380円＝税込み）だ。

第3節　なぜ成功したのか

各新聞社とも1990年代後半、ヤフー・ニュースとほぼ同時期にニュースサイトを立ち上げたが、その後も長い間、新聞偏重から脱することができず、ネット向けの本格的なサイト作りに踏み切れずにいた。いわば本業である「紙」の二次利用という位置付けで、ネットユーザーのニーズを満たすために新たなコンテンツを作るという発想はあまり見られなかった。その間にヤフー・ニュースは新聞社をはじめとする多くの既存メディアからコンテンツを集めて様々な工夫を凝らし、この市場の主導権を握っていった。

■ コンテンツの充実とブランド力の強化

ヤフー・ニュースは創刊以来、一貫してコンテンツの充実とブランド力の強化に力を注いできた。記事提供社の数を増やすため、全国紙だけでなく、スポーツ紙、業界・専門紙、地方紙、雑誌、ネット専門のニュースサイトなどにも幅広く参加を呼び掛けた。

2012年10月から朝日新聞が提供を始めたが、これにより朝毎読の3大紙がヤフー・ニュース上で勢ぞろいした意義は大きい。朝日新聞の加入

は、ヤフー・ニュースのブランド力の向上にも寄与した。

また、地方紙は2011年までは5社にとどまっていたが、地方・地域ニュースの拡充に力を入れた結果、2012年2月以降、福井新聞、佐賀新聞、埼玉新聞、福島民報、沖縄タイムス、愛媛新聞、北日本新聞、山形新聞、静岡新聞、福島民友、長崎新聞、宮崎日日新聞、山陽新聞、山梨日日新聞、北國新聞、大分合同新聞と県紙クラスの参加が相次いだ。これに伴い、全体の提供社数も増え続けている。

■ポータルの一部門、中高年層取り込みにも成功

ヤフー・ニュースの年代別利用者を見ると、10代が5％、20代18％、30代29％と30代までの若年層が過半数を占める。一方で、40代が25％、50代14％、60歳以上8％と中高年層の取り込みにも成功しており、各年代からバランス良く読まれていることが分かる[8]。

新興のニュースサイトの中には若年層が好む技術系やエンターテインメント系のコンテンツに偏ったものも少なくないが、ヤフー・ニュースはエンターテインメントや技術・スポーツ系に加え、政治、経済、社会、国際など硬派の記事も組み入れて、硬軟のバランスを取っている。かなりの割合の記事が新聞社から提供されるということも影響してか、新聞の主な読者である中高年層にも浸透している。

ヤフー・ニュースは単独のサイトではなく、ポータルサイトであるYahoo! JAPANの一部門として存在する。ニュースは検索やオークション、ショッピングなどポータルサイトを構成する諸サービスの一つだ。ここが新聞社のニュースサイトとは大きく異なる。

ヤフー・ニュースは読者が1日に何度もポータルサイトを訪れ、他のサービスにも流れて行く「玄関口」となる。同時にショッピングなど他のサービスに来たお客がニュースにも目を向けてくれるという相乗効果が期待できる。

■ニュースの一覧性と多様性、網羅性

ヤフー・ニュースに行けば、全国紙では日経新聞を除くすべての新聞の記事をワンストップで読むことができるという点は特に重要だ。地方紙やテレビ局なども含め157社、250媒体といっても、提供している記事の種類・本数は各社によって千差万別だ。しかし、1日3500本という全体で見れば、多種多様な記事でほぼ全分野を網羅しているとも言える。まさに「情報が整理されて集まることで力が生まれる」（奥山倫弘『ヤフー・トピックスの作り方』）という状況を呈している。

朝日新聞の記事か、読売新聞の記事か、または地方の新聞の記事かということはあまり気にせず、「ヤフー・ニュースに載っている記事」という意識で読んでいる読者が少なくないようだ。

また、一部の記事には、読者によるコメントを付けることもできる。

■ネット読者のニーズを意識

例えば、山手線が今止まっているという事実は、NHKなどのテレビは報道しても、新聞にはほとんど載らない。止まった結果、10万人に影響が出たという段階になって初めて新聞に載る。新聞社のニュースサイトはいまだにこうした「紙」の意識を引きずっている部分がある。

これに対し、ヤフー・ニュースは「我々は『リアルタイムメディア』なので、山手線が止まった、動き出した、というのは届けるべきニュースだと考えている。ネット読者のニーズを常に意識して情報を提供している」（祝前氏）と強調する。こうした考えに基づき、「レスキューナウ」から交通情報の提供を受けている。天気についても「1日2回ではなく、今この瞬間を届けたい」（同）とのスタンスで、ウェザーマップに天気記事の作成を依頼、掲載している。

また、見せ方についても読者がより立体的にニュースを理解できるよう重層的な工夫を凝らしている。トピックスにはリード部分（第1段落）の下に、外部の官庁や企業、学術団体などの関連サイトへのリンクが張

られている。リード部分の下の「記事全文」をクリックすると、現れた記事全文の下にその記事の提供元の関連記事の見出しとリンク先が並び、その下には提供元以外の社の記事も含むヤフー・ニュース内の関連記事、さらに「WEBで話題の関連記事」の一覧が控える。

これに比べ、新聞社のサイトで最も進んでいると言われる日経電子版では、記事本文の下に自社の関連記事が並び、その下に「類似している記事（自動検索）」「この記事を読んだ人によく読まれた記事」が並ぶが、全て自社記事だ。米紙ニューヨーク・タイムズなどは外部へのリンクを設けているが、日本では基本的にどの新聞社のサイトも、自社1社で「閉じている」構造は同じだ。

似たようなアグリゲーターのニュースサイトにグーグル・ニュースがあるが、その特色はニュースの収集から掲載の順序付けまで全て機械が行う点にある。これに対し、ヤフー・ニュースはトピックスの選択や見出し付けは編集者の判断で行う。少なくとも日本国内では、今のところ「人間の判断」を掲げるヤフー・ニュースに軍配が上がっているようだ。

■「ITテクノロジー企業」宣言

ヤフー株式会社では井上雅博前社長時代の2009年ごろ、自らの「位置付け」をITテクノロジーカンパニーとするか、メディア企業とするかという議論があった。井上氏は本家の米ヤフーが一時メディアに傾斜して苦境を招いた事例を念頭に「米ヤフーのようにメディア企業を目指せば、我々の存立は危うくなる」と判断、「もう一度、ITテクノロジーカンパニーに戻ろう」と社内で宣言したという。これは、ネットではテクノロジーに立脚して勝負しないと勝てないという認識の表明であり、同時に、コストのかかる取材・記事制作には手を出さないという方針の確認でもあった。ヤフー・ニュースという日本最大級のメディアを抱えながら、メディア企業は目指さないという微妙な立ち位置とコスト意識の高さが、高い利益率[9]を続ける一つの背景とも言えよう。

第4節　既存メディアとの提携と確執

　ヤフー・ニュースの急成長に、新聞社などの既存メディア側も全く手をこまぬいていたわけではない。むしろこれに対抗するため様々な試みを重ねてきた。しかし、結局は各社の足並みがそろわず、それらの試みがうまくいっているとは言い難いのが現状だ。

■ 伸び悩む「47NEWS（よんななニュース）」

　2006年12月、共同通信はヤフー・ニュースへのフィーチャーフォン向け以外の記事提供を停止し、加盟新聞社52社とともに総合ニュースサイト「47NEWS」を立ち上げた。

　共同通信と加盟社が結束した狙いは、ヤフー・ニュースなどの拡大に対抗して新聞社の地域を超えた情報発信力を強化し、ネットでの存在感を増すことだった。新聞社ごとの単独サイトではなく、それが集積した巨大な総合サイトということで、当初国内だけでなく国外からも大きな注目を集めた。参加各紙合わせて約1万人の記者が「日本のいま」を刻々と伝える、を合い言葉に圧倒的な地域情報を「売り」にした。

　しかし、加盟社を平等に扱わねばならないという建て前などがネックとなって、個性的なニュース面を作ることはなかなか難しく、家庭・職場のPCからの月間訪問者数は178万人程度（**図1**で示したニールセン調べのランキングで22位）と伸び悩んでいる。こうしたことも影響してか、2012年から13年にかけてヤフー・ニュースの働きかけに応じて記事提供に踏み切る県紙クラスの共同通信加盟社が10数社に上るなど、「結束」は揺らいできたようにも見える。

■ 朝日、日経、読売の「ANY」の頓挫

　2007年10月に発足した朝日、日経、読売の「勝ち組」新聞3社による提携の試み「ANY」も、ヤフー・ニュースなどにニュースが集まって

いることへの危機感から、「結束してネットでの新聞の存在感を高める」ことを目的の一つとした。

ANYは読売新聞が日経新聞に呼びかけ、日経新聞が朝日新聞を誘ったという経緯で結成され、印刷や輸送、販売の相互協力という面では一定の成果を上げた。が、朝日、日経両新聞の再三の要請にもかかわらず、読売新聞はANY発足後もヤフー・ニュースへの記事提供をやめず、対ヤフーという観点では最後まで足並みがそろわなかった。

ANYが2008年1月に開設した新聞読み比べサイト「新s（あらたにす）」も月間PVは数百万程度にとどまり、2012年2月末に閉鎖された。

■ 新聞業界の「共通プラットフォーム」構想

2009年末から10年春にかけて、ネットの世界で新聞社が主導権を握るためには各社が協力して、共通の配信プラットフォームを設置する必要があるとの構想が新聞業界で浮上した。

日本新聞協会メディア開発委員会は2010年1月21日、東京都内で「デジタルコンテンツ配信の将来像」と題するセミナーを主催、協会加盟の56社181人が参加した。席上、パネリストの福田尚久・日本通信常務取締役（元アップル米国本社副社長）は、「本来は情報の発信者、著作権者が主役であるべきだ」と指摘。新聞社がデジタルの世界で流通をリードするには、業界が結束し統一した配信プラットフォームを作る必要があると語った[10]。

電通も後押しし、読売新聞などが前向きの姿勢を示したものの、2010年春に日経電子版の創刊を控えていた日経新聞や、やはり電子版の刊行を優先課題として掲げていた朝日新聞は消極姿勢を崩さなかった。このため、議論は盛り上がらず、結局立ち消えとなった。

■ 記事提供社のメリット

これまでのところ、ヤフーによる既存メディアとの提携は、全体として成功しているように見える。コンテンツのかなりの部分を新聞社など

に依存しているヤフー側は、既存メディアとは「ウィン・ウィンの関係」にあると強調する。

記事提供社には、提供料とヤフー・ニュース経由で自社サイトに流入してくる読者によるPV増（広告収入増）が見込めるというメリットがある。自社の記事がヤフー・ニュースを通じて広く全国に知れ渡るというのも、地方紙などにとってはプラスの側面だ。提供料についてはヤフー側も記事提供社側も公表していないが、新聞業界内では、全国紙クラスで年間数億円程度、地方紙クラスで数百万円程度と言われている。

PV増については各社サイトへの影響は大きく、2009年1月のネットレイティングス（現ニールセン）のインターネット利用動向調査によると、毎日新聞のニュースサイト「毎日jp」では全トラフィック（通信量）の5割前後がヤフー・ニュースからの流入となっている。同ニュースが記事提供社サイトのPV数を大きく左右する存在になっていることが分かる。

■ 記事提供社のデメリット

一方で、ヤフー・ニュースでほぼ全ての新聞社の記事が無料で読めるとなれば、お金を出して新聞や有料電子版を買う人、特に若年層はますます少なくなるとの見方が新聞業界では根強い。ネットの一般読者はニュースがどこの新聞社のものかはあまり気にしないと言われているので、例えば朝日新聞の記事がヤフー・ニュースでは1日数十本しか読めなくても、他社のものも併せて多種多様な記事を読むことで、満足してしまう可能性は十分ある。自社サイトでの「タダ見せ」とヤフー・ニュースでの「タダ見せ」では、ヤフー・ニュースの特徴である記事の「一覧性と多様性、網羅性」の影響で、持つ意味がおのずと異なってくるのだ。

また、たとえヤフー・ニュースの朝日新聞記事から自社サイトである朝日新聞デジタルへ読者が流れたとしても、それが有料購読につながるかどうかは定かでない。日経新聞がヤフー・ニュースからの記事提供要請に応じないのも、日経本紙や日経電子版への悪影響を懸念しているか

らにほかならない。

■ 全国紙・地方紙からの記事提供は３割

　ここでヤフー・ニュースに対する新聞社の記事提供の実態を見ておきたい。ヤフー・ニュースの記事の見出しをクリックし全文を表示すると、ページの最下部に「国内」「国際」などニュースの種類を示す項目が並んでいる列があり、その最後に「ニュース提供社」という項目がある。ここをクリックすると、提供社の一覧が出てくる[11]。

　その中で例えば、「産経新聞」をクリックすると、その時点でヤフー・ニュース内にアーカイブされている同新聞提供の全記事の見出し一覧が表示される。2013年９月８日の正午過ぎ現在で見ると、８月９日昼から９月８日昼までの30日間の記事が掲載されており、総本数は5521本。アーカイブ期間は30日間で、１日当たり平均の提供記事数は約180本であることが分かる。

　毎日新聞は８月25日からの記事が2066本。アーカイブ期間は14日間で、１日当たり約150本。時事通信は９月１日からで1920本。アーカイブ期間は７日間で、１日当たり約270本ある。

　読売新聞は９月１日から７日間で635本（１日当たり約90本）。朝日新聞は無料記事が８月25日から14日間で625本（同約45本）、有料記事（購読するには朝日新聞デジタルSELECT on Yahoo!ニュースの購入が必要）が７月29日から41日間で596本（同約15本）。

　各社によって１日当たりの提供本数、記事の種類、配信時間（リアルタイムでの配信か、遅らせての配信か）、アーカイブ期間はまちまちだ。上記の全国紙クラス５社で、ヤフー・ニュースが１日に読者の閲覧に供している約3500本の記事の２割超を占めている。

　一方、地方紙は、全国紙に比べると記事の提供本数は少ない。ただ、アーカイブ期間が長いのが目立つ。１日当たり平均の提供本数が多いのは神奈川新聞（約30本）、静岡新聞（約28本）、京都新聞（約25本）など。それに対し、西日本新聞や山陽新聞、大分合同新聞のように１本程度の

ところもある。

アーカイブ期間は7日間から150日間までさまざまだが、宮崎日日新聞（約150日間）、福島民報（約120日間）、福井新聞（同）、埼玉新聞（同）、北日本新聞（同）、北國新聞（同）、西日本新聞（同）などが比較的長い。アーカイブされている記事本数が多いのは、神奈川新聞（2781本）、福島民報（1873本）、北國新聞（1785本）、宮崎日日新聞（1042本）などだ。

記事の種類に関しては、福島民報や琉球新報などのようにストレートニュースを配信している地方紙も少なくないが、紙面掲載の記事は提供せず県内のブロガーの記事を配信していた佐賀新聞（9月8日現在は配信、アーカイブともなし）や、いわゆる街ダネ的な小話を1日1本程度提供している大分合同新聞、岡山県内の医療関係記事・解説に限定して1日1本程度配信している山陽新聞など、多岐にわたっている。

全国紙クラスと地方紙を合わせると、ヤフー・ニュースが1日に読者に提供している約3500本の約3割を占める。

■「ヤフーは儲け過ぎ」記事提供社の不満

多数の取材陣を抱える新聞社が販売・広告収入の減少に悩んでいるのを尻目に、自らは取材せず提供された記事を活用するヤフー・ニュースが読者を増やすという状況の下、新聞社側は記事提供料については、基本的に「ヤフーの儲けに比べ、低く抑えられ過ぎている」と考えているようだ。例えば、毎日新聞グループの2012年度の連結売上高は2387億円だが、営業利益は17億円とその1％にも満たない。比較的経営状態が良好と言われる読売新聞グループでも同年度の売上高は4292億円、営業利益は277億円と売上高の6％余りを占めるに過ぎない。両グループとも、ヤフー・ニュースからの記事提供料と流入してくるPVによる広告収入を合わせても、売上高の1％にも届かないとみられる。

これに比べ、ヤフー株式会社のメディア事業を見ると、2011年度の売上高1102億円に対し、50％超の605億円という高い営業利益を確保している[12]。新聞社側から見れば「ニュースの仕入れ値をいかに叩いてい

るかがわかる」(有力地方紙幹部)ということになる。つまり双方の関係は「ウィン・ウィン」ではなく、ヤフー側のメリットが新聞社側のメリットを上回っているのではないかとの疑念を抱いているわけだ。

これに対しヤフー側は「ヤフー株式会社全体の売り上げが3000億円程度。広告収入はそのうち半分ぐらいで、その3分の2が検索連動広告。ヤフー・ニュースのバナー広告の売上規模は年間数百億円程度だ。我々のビジネス規模ではこれぐらいの料金しか出せない」(祝前氏)と説明。ニュース事業の規模は言われているほど大きくはないと強調する。

■ 記事提供社の選択肢

新聞社をはじめとする既存メディア側に不満はあるものの、現実には記事提供社は増えている。例えば地元で米軍基地問題や原発事故問題を抱える地方紙にとっては、「沖縄の抱える問題を全国で認知してもらう上で大きな効果がある」、「福島の原発事故の世界的なニュースを広く発信できる」というメリットがあるからだ。また、新聞の売り上げに影響を及ぼさないような記事に限定して提供している新聞社もある。

ただ、これまでには共同通信以外にも、中日新聞や北海道新聞などが、提供料やアーカイブ期間などをめぐるトラブルで記事の配信を停止している。また、有料電子版の創刊を検討している地方紙の関係者も「ヤフー・ニュースに無料記事を毎日複数出すのは好ましくない」と漏らす。

記事提供社の今後の選択肢としては、①記事提供を続けながら、提供料の値上げを求めていく、②提供する記事の種類、本数を絞る、③記事提供を取りやめる、④ヤフー・ニュースに代わる共通のプラットフォームをつくる——などが考えられる。

しかし、ニュースサイトのPVのかなりの部分をヤフー・ニュースからの流入に依存する新聞社などが記事の提供をやめることは現実には考えにくい。記事提供社が増えれば増えるほど、1社がやめても影響は相対的に小さくなる。結局、大きな流れとしては記事提供は継続しつつ、提供料の引き上げを求めていくことになる可能性が高そうだが、提供記

事の本数や種類、アーカイブ期間、提供料の違いなどにより各社の足並みが必ずしもそろわないのが悩みだ。

ただ、朝日新聞や読売新聞のような余力のある新聞社が、経営判断により記事提供を取りやめるという可能性は全くないわけではないだろう。

第5節　ヤフー・ニュースの課題

■メディアとしての社会的責任をどう果たすか

ヤフー・ニュースがメディアであることは、広告媒体資料を外部に公開していることからも明らかであり、この点はヤフー側も認めている。

ヤフー・ニュースはメディアとしての公共性については、「非常に意識している」（祝前氏）と強調する。その理由として、①記事のかなりの部分が公共性を自覚している新聞・通信社から提供される、②PVでいえば全体の6割がスポーツと芸能だが、トピックスの8本を選ぶ基準はPVだけではない——ことを挙げる。あまり読まれないことが予想される国際記事なども、編集担当者が重要だと判断すればトピックスとして掲載するし、PVが伸びないからといってそれだけで降ろすこともしないという[13]。

2011年6月15日、いわゆる「ロス疑惑」で無罪判決が確定した故三浦和義氏の遺族が、ヤフー・ニュースに掲載された同氏の写真で精神的苦痛を受けたとして、ヤフー株式会社と配信元の産経新聞社に慰謝料を求めた訴訟の判決で、東京地裁は両社に66万円の支払いを命じた[14]。

問題となったのは、2008年10月に三浦氏が死亡した際、ヤフー・ニュースに載った写真だ。1985年9月に三浦氏が逮捕され警視庁前でパトカーから降ろされた際の手錠姿の写真を、産経新聞から配信を受けてそのまま掲載した。遺族側は、無念の死を遂げた人間を辱めるものだと主張。ヤフー側は、①記事や写真の作成に関わっておらず、内容を全て

チェックするのは不可能、②配信写真が第三者の権利を侵害しない旨、産経側が保証していた——などと主張したが、地裁は「ヤフーは人の人格的利益を侵害する写真が載らないよう注意し、掲載された場合は速やかに削除する義務を負う」として退けた。この判決は、報道機関だけでなく、記事や写真を転載するニュースサイトの運営会社側にも賠償責任を認める判断を示したものだ。

　ヤフー側は判決を不服として東京高裁に控訴したが、翌12年2月20日、控訴を取り下げた。このため、ヤフー側敗訴の判決が確定した。控訴取り下げに際してヤフーは「一審で当社のビジネスモデルを十分理解されなかったのは遺憾だが、訴訟で争いを続けるより、その労力をサービス向上に使う方がいいと考えた」とのコメントを出した[15]。

　ヤフー側は控訴取り下げの理由に関して「あの写真をどうしても載せなければならないという思いがあったかといえば、なかった」（祝前氏）と説明した上で、一審判決について「これだけをもって一般化できるとは思っていない。『注意義務』が具体的に何を指すかは明確には書かれていない」（同）との見解を示している。

　ヤフー側の基本的姿勢は、①トピックスは取捨選択してYahoo! JAPANのトップページに掲載し13文字の見出しを付けているので、加工部分については当然責任がある、②それ以外の配信されたニュースをそのまま自動的に載せているエリアについては、責任を追及されても全うしようがない、③この二つの中間にいろいろなケースがあり得る——というもの。ただ、②のケースでも「新聞社などから得ている『品質保証』で言えばその通りだが、読者との関係や法的判断は別だろうという思いはある」（祝前氏）と含みを持たせている。

　確かに「品質保証」は提供元とヤフー間の内部関係における問題であり、それを読者に全面的に主張し得るわけではない。また、ヤフー・ニュースに来る読者の中には「ヤフー・ニュースに載った産経新聞の写真を見る」という人もいるだろうが、単に「ヤフー・ニュースに載った写真を見る」という意識の人も少なくない。長所である「一覧性と多様

性、網羅性」と裏腹の関係になるが、内容には手を加えていなくても、掲載してより多くの人が読み得る状態にしたという行為自体に責任が発生するという考え方も成り立ち得るのではないだろうか。

■既存メディアとの関係は持続的か

ヤフー・ニュースは現在既存メディアが提供するコンテンツに大きく依存しているが、今後も新聞社などとの関係を維持していきたいとの姿勢を示している。新聞社の部数や広告収入が徐々に低落傾向にあることに関しては「あまり心配していない。新聞社が全て突然駄目になるということはないだろう」（祝前氏）としつつ、新聞社以外との提携を徐々に拡大する方向にも踏み出している。

ヤフー側の選択肢としては、①このまま料金を抑えながら、既存メディアとの関係を続ける、②値上げ要求にある程度応じつつ、既存メディアとの関係を維持する、③既存メディアとの関係を続けながらも、新興メディアや個人に徐々に比重を移していく——などが考えられる。現実的にはこれらの組み合わせになるのだろうが、いずれにせよ当面は新聞社を中心とする既存メディアとの関係を維持する以外に手立てはなく、料金値上げ要求にどう対応するかが焦点となりそうだ。

一方、新聞社の側は「ヤフーは新聞社の記事を使えるうちは使おうと考えている。新聞社でないところのニュースが出てくれば、そちらに移ってもいいと。一方で、新聞社が一致して記事を送ってこなくなるという可能性も頭に入れている」（全国紙関係者）と見ている。ただ、前述したように、新聞社側が一致して記事を提供しなくなるという可能性は高くはなさそうだ。

■地域・地方ニュースの偏り

ヤフー・ニュースは、今後地方発のニュースの価値が高まるとみて、それを全国に発信することに力を入れている。その一環としてここ数年地方紙への働き掛けを強めてきた。その結果、この2年ほどで10数社の

県紙クラスの新聞が参加に踏み切った。

しかし、信濃毎日新聞や新潟日報などの有力地方紙は「キラーコンテンツなので安売りはしない」と依然記事提供を拒んでいる。また、記事を提供している地方紙の間でも、種類や本数に濃淡の差があり、このままでは地域・地方ごとのニュースの偏りが大きくなってしまう可能性が高い。対応策としては全国紙から地方ニュースの配信を受ける方法や、多くの有力地方紙を加盟紙に抱える共同通信との関係修復などが考えられるが、先行きは不透明だ。

■「利益倍増」方針の編集への影響

新聞社など既存メディアでは編集部門が最も力を持っており、人員的にも最も多いのが常識だが、ヤフー株式会社では前述のようにヤフー・ニュースの担当人員はごく少ない。

同社の「平成23年度有価証券報告書」では、社業は「メディア事業」「BS事業」「コンシューマ事業」の3つから成るとした上で、「メディア事業」について「主に、広告を掲載する各サービスの企画、コンテンツパートナーや広告会社と連携した広告商品の企画・販売をしております」と説明している。

「平成24年度有価証券報告書」では、社業は「マーケティングソリューション事業」と「コンシューマ事業」の2つから成ると変更し、「マーケティングソリューション事業」について「主に広告商品の企画・販売・掲載するための各サービスの企画・運営、情報掲載サービスの提供およびその他法人向けサービスの提供をしております」と記している。

どちらの報告書でもヤフー・ニュースについての直接的な言及は見当たらないが、上記の説明を踏まえると、ニュースは「広告商品を掲載するための各サービス」の一つという位置付けとなる。

ヤフー株式会社では宮坂学社長を中心とする現体制に移行した2012年6月に、遅くとも2019年3月期までに営業利益を倍増させるという経営目標を掲げており、今後利益重視、コスト重視の傾向が強まるのは避け

られそうにない。これはニュース部門も例外ではなく、PV数に左右されない編集方針などに影響を与える可能性もある。

■モバイル分野で挑戦者登場

日本のネットのニュースサービスでは、ヤフー・ニュースが月間PV数、訪問者数とも断然トップを走っている。しかし、PC分野では圧倒的なシェアを誇るものの、スマートフォンなどのモバイル分野ではそこまで行っておらず、相対的に存在感が薄くなっている。

モバイル分野でのライバルの筆頭が、スマホ向けに無料通話・メッセージアプリを提供している「LINE」(本社・東京都渋谷区)が2013年7月にスタートさせたスマホ向け無料ニュースアプリ「LINE NEWS」だ。LINE NEWSは「短時間でざっくり分かるニュース」という触れ込みで、報道各社の記事を60～80字程度に要約し、見出しと写真を付けて1、2本の外部リンクとともに掲載。「総合」「エンターテインメント」「トレンド」「スポーツ」「時事」の5ジャンルで1日100本程度を配信している。

同社は無料通話・メッセージアプリの「LINE」を2011年6月から提供。13年11月には全世界で3億人が利用するまでに急成長した。日本国内の利用者は約5000万人とスマホの契約者数に匹敵すると言われている。

同社は、PCからモバイルへの利用者の急速な移行、スマホの急激な普及に合わせてLINE NEWSをリリースしたわけだが、これまで外のヤフー・ニュースなどに記事を見に行っていたLINE利用者が、内部のLINE NEWSを見るようになれば、ヤフー・ニュースへの訪問者は減ってしまう。ヤフー側も「かなり強いアプリだ。短期間にたくさんの訪問者を獲得する可能性はある」(祝前氏)と危機感を抱いている。

■公共性意識した編集方針の維持・発展に期待

ヤフー・ニュースが今後も日本のメディア環境の中で存在感を高めていくには、まず既存メディアとの関係を維持するとともに、新たな記事

提供社を増やし、コンテンツを充実させる必要があろう。

また、ユーザーが急増しているスマホなどモバイルの分野でも、後れをとることなく、新興のLINE NEWSなどの挑戦を受けて立たねばならない。さらに、ヤフー株式会社の「利益倍増」方針は、ヤフー・ニュースの編集方針に大きなプレッシャーとなることも予想されるが、適切な折り合いをつけることが求められよう。

ヤフー・ニュースがこれらの諸課題を乗り越え、公共性を意識した編集方針を維持・発展させ、メディアとしての社会的責任を十全に果たしていくことを期待したい。

〔注〕

(1) 代表取締役社長は宮坂学。取締役会長に孫正義。親会社のソフトバンクが株式の35.86％を所有する筆頭株主。(2013年3月31日現在)
(2) 日本有数のポータルサイト。ヤフー株式会社によると、月間PVは536億（モバイルを含む）(2013年4-6月現在)
(3) ヤフー株式会社のプレスリリースによる。
(4) ニールセンなどの第三者調べはカウントの仕方等が違うため、ヤフー株式会社公表の数字とは異なる。
(5) ヤフー株式会社の公表数字（2013年9月現在）。記事はアーカイブ期間が過ぎた場合は自動的に削除される。
(6) 記事提供社の推移は、ヤフー株式会社のプレスリリースと一部取材による。
(7) 同レポートの解説としては、田中善一郎氏のブログ『media pub』2013年6月21日「特異な日本のニュースメディア環境　高齢化がさらに際立てる」を参照。
(8) PCユーザーのみ。Yahoo! JAPAN媒体資料 (2013年8月22日) より。
(9) 「平成24年度有価証券報告書」によると、ヤフー株式会社の売上高は3244億円、経常利益は1836億円、経常利益率は56.6％。

(10) 坂井晶「共通プラットホーム望む声上がる——新聞協会がデジタル配信のセミナー開催」『新聞研究』2010年3月号、PP.96-97
(11) 画面のレイアウトは2013年12月現在。
(12) 平成23年度有価証券報告書による。数字は連結のもの。
(13) 奥村倫弘『ヤフー・トピックスの作り方』PP.122-124
(14) 『判例時報』2123号、PP.47-57
(15) 『日経電子版』2012年2月21日配信「ロス疑惑写真掲載、ヤフー・産経側の敗訴確定」

【参考文献】
　奥村倫弘『ヤフー・トピックスの作り方』光文社、2010年
　奥村倫弘「報道マインド必要なヤフー・ニュース　今春、新規採用者から編集者育成へ」『Journalism』2011.3、朝日新聞社
　奥村倫弘・酒井法子「日本のトップサイトを支える　ヤフー・トピックス更新日誌」『Journalism』2009．1　朝日新聞社
　小島健志「ヤフー　6年ぶりの好業績で発進した新体制『爆速』経営の急所」『週刊ダイヤモンド』2013.5.25、ダイヤモンド社
　佐藤真希「初めて新卒を迎えたヤフー・トピックス—『手探りの新人教育』の成果と課題」『Journalism』2012.12、朝日新聞社
　椎名健次郎『ニュースに騙されるな』宝島社、2011年
　週刊東洋経済編集部「モンスターヤフーの最強戦略—深まる既存メディアとの友好関係」『週刊東洋経済』2013.3.30、東洋経済新報社
　菅野夕霧『ヤフートピックスを狙え』新潮社、2010年
　山本一郎『情報革命バブルの崩壊』文藝春秋社、2008年

第6章

ポストモダンが導く大衆メディア「テレビ」の将来像

大衆が不在な情報化社会におけるマスメディアのあり方

■

石渡正人　いしわた・まさと

広告企画会社を経て、2000年株式会社手塚プロダクション入社。現在クリエイティブ部部長として手塚治虫が残した膨大な「マンガ」「アニメ」「キャラクター」を基にした商品化や企業広告、出版、イベントなどのクリエイティブワークに携わる。早稲田大学メディア文化研究所招聘研究員。アトム通貨実行委員会副会長。

本章の主張

　インターネットに代表される情報技術は、グーテンベルクによる印刷技術発明以上の社会的変化をもたらすとの指摘が多く聞かれる。情報革命は産業革命に続く社会の変革を招き、産業・経済・社会の再編が行われるであろう。情報化社会の進化過程の真っただ中にいる私たちにとって、この社会の行方の捉え方は様々で、何百年か後の世から歴史を振り返ったときにはじめて、正しい判断が下されるだろう。
　情報化社会におけるメディアの将来像を論じる本書であるが、この章では大衆メディアの雄である地上波テレビ局の将来像について、そこで放送される番組内容のあり方と併せて考えていきたい。
　筆者が所属する手塚プロダクションはオタク[1]文化と密接な関係にある。オタク文化はインターネットと親和性が高く、そのオタク文化からの視点を活かし、情報化社会における大衆メディアとしてのテレビと番組コンテンツの将来像を論じる。

第1節　ポストモダンにおける大きな物語と大衆

　ジャン＝フランソワ・リオタール（1924〜1998年。フランスの哲学者。以下、肩書きは発行・発言当時。敬称略）の著書『ポストモダンの条件』[2]（1979年）によれば、「ポストモダンとは大きな物語の終焉」にある。「大きな物語は衰退し、高度情報化社会においてはメディアによる記号・象徴の大量消費が行われる」と記されている。

　この書の発行約10年後の1988年にアメリカで商用インターネットの運用が始まり、更に10年後の1998年以降世界的に普及が進み、今日の情報化社会に至る。

　ここでいう大きな物語を、現代思想家として活躍する自称オタクの東浩紀[3]の言葉を借りて説明すると、「社会の構成員が共有する価値観やイデオロギーであり、1970年代まで続く近代において、社会の秩序は大きな物語の共有で確保され、それを中心に回っていた。しかし1970年代以降のポストモダンにおいては、個人の自己決定や生活様式の多様性が肯定され、大きな物語の共有をむしろ抑圧と感じる別の感性が支配的となる」とされる。

■ ポストモダンの文脈から見るマスメディア

　ここでポストモダンの文脈を、今のメディアと社会状況に当てはめてみたい。

　過去においてマスメディアと大量生産大量消費のシステムは、社会にある共通認識や共有できる価値観をもたらし、その先に共通意識という安心感を広く与えてきた。その共通意識こそが大きな物語であり、その効力を失ったのが現在の状況だ。インターネットをはじめとする多メディアによる記号・象徴の大量消費が行われ、特に4マスと言われる、新聞・テレビ・ラジオ・雑誌は大きな物語を必要としなくなった社会に対応するために、大きな軌道修正が求められている…となる。

社会学的には今なおポストモダンの時代だが、マーケティング論からの細かな時代分析によると、70年代は誰もが同じモノを消費する「高度大衆消費社会」、80年代は差別化・差異化・個性化を志向する「分衆」「少衆」、90年代にはさらに細分化した「個衆」となる。ゼロ年代後半からは、バラバラになった個がインターネットやソーシャルメディアを通じて再びつながりを求める「鏡衆」の時代、と電通消費者研究センターでは命名している[4]。

■ 現在は「大衆」が不在な時代

　鏡衆の時代では、自分に似た他者の欲求や嗜好性を反射拡大して、新たな意味を付加しながら新しい価値観が形成されていく。相互受発信から共振によるコミュニケーションへ転化していく時代だと解釈すればよいだろうか。現在のソーシャルコミュニティーの過熱ぶりや、集合知、創作が創作を呼び起こす連鎖反応によるN次創作など、ネット上のクリエイティビティを見る限りうなずける。

　こうした大衆が不在な現代において、マスメディアを自認する大手新聞社とテレビ局、そして政治家だけが「大衆」に向かって情報を発信している。

　大衆が意味する「社会を占める大多数の人々」が実像として見えない今日だが、反面、変わらずメガヒットは生まれ続け、スタジアムは連日満員となり、あらゆる分野にカリスマが存在しているのも事実だ。

第2節　大衆メディアの雄、テレビの置かれている状況

　さて、ここから先は大きな物語が衰退し、大衆が不在な情報化社会において、大衆メディアの雄であるテレビはどこに向かってどの様な情報を発信していけばよいのか。そして、テレビにコンテンツを提供する制作者側は、ひとつひとつの物語を積み重ねて何を見せていけばよいのか

を、地上波テレビ局と、コンテンツ制作者側の目線から考えていきたい。

■ 視聴時間低下と、放送・通信融合の時代へ

　まず共通認識として、テレビを取り巻く現状を簡単にとりまとめる。
　国内においてテレビの視聴時間低下が叫ばれて久しく、番組自体に魅力がなくなったとの声もあるが、主たる要因として、テレビよりも他媒体の優位性が向上し、選択肢の多様化により、相対的にテレビ視聴の地位が低下したことがあげられる。特に10代、20代では、YouTubeやニコニコ動画に代表されるインターネットでの動画配信サービスに加え、FacebookなどのSNS人気から、パソコンやタブレット端末に向き合う時間の増加が顕著である。

　また、ハードディスクレコーダーに代表される録画機の普及によるタイムシフト視聴の一般化は、現状の視聴率算出方法が改善されない限り視聴率の低下は避けられず、インターネットの媒体価値の上昇もあり、広告収入に頼る民放テレビ局の経営を圧迫することが懸念される。

　こうした状況の中、2011年に施行された改正放送法により、通信・放送の融合・連携に拍車がかかり、放送を中心とするメディア環境は大きく変化の兆しが見える。

　中でも注目されるのがスマートテレビで、総務省の『平成24年版情報通信白書』[5]でも、「スマートテレビは、単にインターネットに接続しウェブ閲覧等ができるテレビを超えて、ソーシャルメディアやアプリの利用により、映像コンテンツをいつでも、どこでも、誰とでも視聴することができる」とある。「放送・ウェブ連携」「多用なアプリケーション・コンテンツの提供」「端末間連携」の3つの基本機能を具備することで、新しいテレビ視聴スタイルを確立しようともくろんでいる。

　しかし、家電メーカーなど経済界からの意向が強く見られ、国際標準化の提言を行うなど積極的だが、ハード先行でソフトが追い付かず、箱モノ行政の感はぬぐえない。家電メーカーの期待に水を刺すようだが、スマートテレビのネーミングは韓国のテレビメーカーによる発案であり、

第6章　ポストモダンが導く大衆メディア「テレビ」の将来像　133

そのネーミングが世界的に受け入れられていることからわかるように、家電機器におけるスマートテレビ市場は韓国メーカー主導で回っている。

■ スマートテレビの主役は誰？

　日本と同じくテレビ視聴時間低下に悩まされる米国では、スマートテレビの運用も先行し、事例を多数目にするが、ここでは詳細に触れない。

　使う側の心地よさを重視したユーザーエクスペリエンスを掲げるAppleの動向や、Googleのオープンプラットフォーム戦略、CATVとのコスト競争から急速に加入者を増やしていったNetflixのコードカット問題、YouTube対策で大手メディアが集結したhuluなどの様々な海外事例については、情報に精通した他者により出版がなされている。また、ケーブルテレビ中心の米国と日本では環境が大きく異なる。鮮度の高い情報はネットから入手されたい。

　ただ、米国の事例から感じたことを簡潔に述べると、日本におけるクラウド型視聴スタイルの推進は、民放テレビ局にとって得策とは思えない。テレビ、パソコン、モバイル機器などのマルチデバイスにより、いつでも見たいときに見たい場所で視聴できるクラウド型は、現在テレビが抱える課題のひとつタイムシフト視聴を加速させ、広告収入の減少から既存の放送モデルを破壊に導く危険性がある。

　また、放送済みの番組の有料配信についても、日本ではハードディスクレコーダーの普及から対価を払って視聴する文化がなじまず、スマートテレビ対応コンテンツとして適しているとは思えない。

　スマートテレビの取り組みにおいて最も重要なことは情報への接し方だ。例えば、今まで一方的な情報提供しかできなかったテレビ（放送）が、スマートテレビによって双方向性を手にすることができる。その点から現状で期待できるのはソーシャルテレビだが、FacebookやTwitterなどのソーシャルメディアと単に連動しているだけでは先がない。「いいね！」を押すことや、つぶやくだけではいずれ飽きられてしまうことは明白だ。双方向性という機能が付加されるのであれば番組自体の見直

しを図り、テレビ（放送）側の情報への接し方も変える必要性を感じる。

　日本でもソーシャルテレビへの取り組みとして「JoiNTV」や「イマつぶ」などがはじまっており、2013年9月からはNHKがスマートテレビ「Hybridcast」の試験放送も開始した。内容については後に触れる。

第3節　テレビにおける情報のあり方

　さて、ここからテレビの将来像について本格的に議論をはじめるが、前述したように他者に倣って先進事例の比較や技術的可能性から探るのではなく、論点を一段階前の情報のあり方に戻して進めたい。それが筆者の仕事上得た知識や着眼点を有効的に活用する方法であり、別角度からテレビの将来像を論じることで、読者に何らかの気付きや、先々への手掛かりになれば幸いだ。

　まずは、情報化社会においてテレビはどのように情報と接すればよいのかを、他の論者の意見や現状のテレビ番組を検証しながら導き出したい。スマートテレビ時代の訪れでインターネット（通信）と同居せざるをえないテレビ（放送）は、どのようなポジションをとり、どのような情報を発信していくべきだろうか。

■インターネットに傾くテレビ

　メディア研究家の大見崇晴[6]によると、テレビは情報の完結性において映画とインターネットの中間にあり、インターネットほどインタラクティブではないが、映画ほど表現として完結してはいないという。本来インターネット的であったテレビだが、虚構の時代において本来生を喪失して映画のように振る舞い、物語を与え世間の空気をつくり、世間のスタンダードを用意することがテレビだと自負していることが、現在のテレビ離れにつながっていると大見は分析する。

　その論を受けて、サブカルチャーから政治まで幅広い評論活動を展開

する宇野常寛[7]は、テレビが存続していくにはインターネット側に傾くことが必要で、そのためにはゲーム化する必要があるという。宇野のいうゲーム化とは、「アメトーク」に代表されるバラエティー番組などに見られる個性的なルールを持ったゲームのような番組を指し、ルールの中で出演者が自由に様々なリアクションを演じる。こうした先の展開が読めないゲーム化により、情報の完結性を下げ、視聴者の反応や視聴者間のコミュニケーションが取り込みやすくなるという。大きな物語を失った現代において、テレビ局は大きなゲームを設定する最強のインターネットサービス業者になり、そこに視聴者同士をコミュニケーションさせることに注力すべきだと論じる[8]。

■ラジオとインターネット

　宇野は議論の争点に、現在のメディアのあり方の答えを情報の完結性に求めており、その点は筆者の認識と合致する。情報化社会における視聴者は情報を受け取り、それを単に消費・鑑賞することに満足できなくなっている。その満足度をどのような施策で満たすか、情報の出し方の見直しからはじめ、システムの拡張を含め検討する必要がある。
　宇野はインターネット世代を代表する論客であるにもかかわらず、テレビの将来をハードがもたらす拡張性に求めず、番組のあり方について言及した点も面白い。現在のテレビ編成はまさにバラエティー番組全盛だ。それが情報の完結を求めない視聴者側の意向と捉える考え方も否定できない。
　そして、情報の完結性においてインターネットに最も近い位置にいるラジオだが、インターネットの普及により一番のあおりを受けているのも事実だ。しかし現在ラジオ局は、インターネットによる聴取エリア拡大や、インターネット上で番組と連動する動画を公開し情報を付加するなど、インターネットに傾けて活路を得ようとしている。

■ バラエティー番組に見る情報のあり方

テレビ＝大きなゲーム論であり、テレビがインターネットへ傾いていることを肯定する事例を紹介しよう。世界最大規模の国際テレビ見本市MIPTV（ミップ・ティービー）の50周年事業（2013年4月）で、「世界のテレビを変えた50作」に日本からも4番組が選ばれたが、そのひとつが「加トちゃんケンちゃんごきげんテレビ」だった。TBSで1986年から1992年にかけて放送された人気バラエティー番組だが、その選考理由は視聴者投稿映像の走りで、現在のYouTubeにつながる映像投稿文化の先駆けとなった点が評価されたからだ。現在のテレビ放送では、YouTubeを組み入れたバラエティー番組が多数見られる。インターネット経由ではあるが、一般から寄せられた情報を吸い上げて、マスで露出していく姿勢に、テレビ番組制作者の情報化社会への対応がみられる。テレビで育った文化がインターネットで増幅されてテレビに逆輸入された好例だ。

また、最近注目されている番組のフォーマット販売もテレビのゲーム化論を示す事例であろう。番組の設定や進行ルールなどのフォーマットを海外に販売し、現地でキャスティングして番組化するこの方法は、「SASUKE」や「料理の鉄人」などの成功事例もあり、クールジャパン戦略でも注目されている。海外輸出の後押しを受け、今後ゲーム化された番組が増えることが予測される。

こうした事例は探せば多数紹介できるが、問題はバラエティー番組以外での適応だろう。報道やドラマ、ドキュメンタリー、スポーツ、音楽、教養など、その内容が多岐にわたるのがテレビの編成だ。バラエティー番組以外での情報への接し方として、ゲーム化が有効なのかは、今後も研究を続けたい。

■ 映画にも傾くテレビ

インターネットに傾きつつあるように見えるテレビだが、映画との親密な関係も目にする。近年の映画興行状況を見ると、2012年の映画興行

収入上位5作品を見ても、洋画の「レ・ミゼラブル」を除いた4作品の製作委員会の主幹がフジテレビであるように、上位はテレビ局を中心とした製作委員会に独占されている（表参照）。

「踊る大捜査線」などテレビの人気番組を映画化するパターンと、「テルマエ・ロマエ」のようにテレビ番組とは無関係ながらテレビ局が出資し、メディアをフル活用して動員をあおるパターンがあるが、いずれにせよ現在の邦画界は、テレビ局抜きでのヒット作品は望めない状況だ。

2013年5月、フジテレビの新社長に就任した亀山千広は、ドラマ制作畑を歩み、映画事業局局長での成功が評価されて5人抜きでの社長抜擢となった。フジテレビのエンターテインメント事業への期待がうかがえる。

映画会社東宝の企画担当役員によると、2006年以降興行面において邦画は洋画を抜き、シェアの60％前後を占め続けている。こうした邦画界の現状を支える活力になっているのが、製作に参加するテレビ局側の時代感覚だという。作りたいと思ったものをのびのび製作し、それが観客の感性とマッチし、次々とヒット作につながっていると分析する[9]。

フジテレビの映画事業局局長時代に亀山は映画のヒット戦略を、「テレビを通じて登場人物のキャラクターに親近感を覚えさせ、その上で映画ならではのスケール感のある壮大な映像を見せれば観客は喜ぶ。テレビの影響力を最大限活用した」と明かした。制作現場の垣根がなくなり、テレビ制作者が映画の製作現場に入り込んだことも大きいという。

表　日本国内年間総合興行収入ランキング（2012年）

順位	興行収入（億円）	タイトル
1	71.6	BRAVE HEARTS 海猿
2	68.1	ONE PIECE FILM Z ワンピース フィルム ゼット
3	61.1	レ・ミゼラブル
4	59.2	踊る大捜査線 THE FINAL 新たなる希望
5	58.1	テルマエ・ロマエ

出典：映画ランキングドットコム http://www.eiga-ranking.com/boxoffice/japan/yearly/total/2012.html

また、テレビ局と映画会社のタッグは、テレビドラマ原作に限らず、企画段階から共同プロジェクトを始動させ、斬新で野心的な作品への取り組みにも積極的で、その結果、これまで製作費が莫大なことから敬遠されてきた時代劇や、CGを駆使したSF大作などにも着手している。

　戦国時代を舞台にした手塚治虫のSF作品『どろろ』も、TBSテレビ主導により2007年に映画化され、VFXとアクションを駆使した大作となり、興行収入34億円のヒットを生んだ。

　在京民放某局幹部の話によると、現在のテレビ局の収入比率は広告7割に対し、映画興行での配分金やDVDなどの映像商品販売、キャラクターグッズ販売などの事業収入が3割におよび、占める割合は年々増加しているという。映像商品の主流はドラマや映画で、レンタルビデオ店でもドラマのコーナーはバラエティー番組のコーナーに比べて遥かに大きなスペースを占めていることからもわかる。広告収入が減少するテレビ局にとって、ドラマや映画コンテンツは経営の側面からも重要性を増している。

■テレビドラマに見る情報のあり方

　本来、テレビ番組の中でもドラマは、映画と同様に制作側の思いが色濃く反映され情報の完結性が高いはずだが、その情報の質に変化は見られるのだろうか。

　日本でも人気の韓流ドラマでは、放送中に視聴者の意見を吸い上げ、ストーリーに反映させることが公然化している。雑誌などで今後の展開を予想する記事掲載があれば、そこでの意見を重視してストーリーは組み変えられ、制作スタッフはインターネット上の書き込みに常に注意を払うなど、視聴者の意向を重視してドラマがつくられるため、死ぬ予定だった登場人物が生き延び、またその逆に死んでしまうこともある。

　日本の地上波では、韓国のような視聴者尊重型ドラマは目にしないが、スマートフォン向けのNOTTVで2012年に配信された「ラヴコンシェル」は、視聴者の投票によってエンディングが変わるマルチエンディン

グを採用したドラマだった。これまでは機能開発が優先し、配信するコンテンツは出来合いのパッケージを買い付けることがほとんどだった配信会社が、自ら映像コンテンツの製作にも乗り出して来た。NOTTVは日本初のスマートフォン向け放送局で今後が注目される。

　そして、テレビドラマや映画の原作をたくさん輩出しているマンガ（2012年の映画興行収入1、2、5位がマンガ原作。137ページの表参照）では、連載中にファンからの投書や読者による人気投票、編集者の意見によってストーリーが変わることが、数十年前から当たり前になっている。脇役だった人物の人気が上昇しいつの間にか主役になったり、敵キャラが頼もしい相棒として活躍したりと…こうした点から考察すると、日本のテレビドラマや映画も、マンガ原作を採用している作品に関しては、制作者の考えだけでなく受け手側からの意向が充分反映されている。

　筆者の個人的な意見をいうなら、作家たるもの自分の中で湧きあがった物語を最後まで書き貫いて欲しい。登場人物を生かすも殺すも作者の腹づもりひとつ。それが物語を創る創造主に与えられた特権だ。そうした点から、原作の一言一句変えることを許さなかった梶原一騎の『あしたのジョー』に代表される、人生の縮図が描かれたマンガが好きだ。しかし、それこそ大きな物語に支えられた古き時代の遺産となってしまった。

■オタク系市場における情報のあり方

　マンガの話題に触れたついでに、筆者の仕事柄関係性の強いオタク系市場における情報のあり方からアプローチしたい。

　1980年代のオタクたちはひとつひとつの物語の先に、大きな物語に代わり時代設定やメカニック設定、登場人物設定などの様々なデータベースを見ていたが、90年代に入るとデータベースの中でもキャラクター設定に注目が集まった。その結果オタク系市場では、個々の物語が登場人物を生み出すのではなく、登場人物の設定が先にあり、そのうえに物語を含めた作品や企画を展開させるのが一般化している。この分析は東浩

紀の著書『動物化するポストモダン〜オタクから見た日本社会』[10]に詳しく述べられている。

　ここで思い返したいのは、フジテレビ亀山がいう映画ヒット戦略だ。「テレビを通じて登場人物のキャラクターに親近感を覚えさせ、その上で、映画ならではのスケール感のある壮大な映像を見せる」とあり、オタク系市場で1990年代にはじまった、キャラクターありきで物語が展開されることと共通する。更に補足すると、テレビ業界ではワンコンテンツ・マルチユース戦略が当たり前になり、スピンオフ作品などの二次創作も含めてひとつの物語からの派生戦略が通常化しているが、コンテンツの膨らませ方にはオタク系に一日の長がある。

　国産でテレビアニメを制作することは採算上不可能といわれた時代に、アニメ好きの手塚治虫が身銭を切って制作に踏み切り、損失補塡をマーチャンダイジングとコンテンツの海外販売に求めたことによってスタートしたのが日本のアニメだ。他のコンテンツのどこよりも早く、キャラクターグッズや映像商品による二次的収入を念頭に本編の制作をしてきた。このノウハウはテレビ局にも共有されているが、今注目したいのはその市場を支えるオタクファンたちで、現在のオタク系カルチャーのパワーはご存じのとおりだ。購買意欲の異常なまでの高さと海外マーケットへの可能性が注目されがちだが、オタクたちの創作に対する意欲、能力の高さには驚かされる。

■ オタク系市場における二次創作

　コミケからはじまった二次創作は、同人誌にとどまらずインターネット上にも活動の場を広げている。複数の原作のキャラクターや世界を混在・交流させて新しい物語を創る「クロスオーバーもの」や、原作のキャラクターを用いて別世界の話を構築する「パラレルもの」など自由な発想で物語が描かれ、中には、他人もしくは自己の二次創作物を元にした「三次創作物」「四次創作物」と呼ばれる作品なども見られる。また、コミケ出身でメジャーデビューし、現在も一線で活躍しているアー

第6章　ポストモダンが導く大衆メディア「テレビ」の将来像　　141

ティストもたくさんいる。

　そしてインターネット上で生まれた最もクリエイティビティな活動といえば「初音ミク」だろう。ニコニコ動画をはじめとするインターネット動画投稿サイトで火がついたバーチャルアイドルだが、2010年5月には動画サイトで人気の楽曲を集めたコンピレーション・アルバム『EXIT TUNES PRESENTS Vocalogenesis feat. 初音ミク』が、2011年1月には同様のコンセプトのアルバム『EXIT TUNES PRESENTS Vocalonexus feat. 初音ミク』が、いずれもオリコン週間アルバムチャートで1位を獲得した。

　基になっているのは、擬人化されたボーカル音源に音階と歌詞を入力し、ボーカルパートとバックコーラスを作成できる歌声合成ソフトだが、初音ミクの場合は商品化にあたり「未来的なアイドル」をコンセプトに、キャラクターを付加したことが成功の要因だ。イラストレーターのKEIが作画したキャラクターは、名前=初音ミク、年齢=16歳、身長=158cmといった具体的プロフィールが与えられているが、ユーザー目線からキャラクターを色付けしすぎないよう配慮し、最低限の範囲にとどめられている。このキャラクター画像の使用を、非営利であることを条件にユーザーに開放したことにより、音楽だけにとどまらない創作活動が促進され、創作が創作を呼び起こす連鎖反応（N次創作）をおこし、創作の連鎖の過程でより完成度の高い作品が生まれてきた。こうして10万曲以上の楽曲や、イラスト、CGによるプロモーション動画など様々な作品がインターネットを中心に発表されている。

　これらの大半は営利を伴わない範疇での活動だが、近年ではキャラクター使用の許諾を受けた上でCDや書籍などユーザー創作による商業展開が行われるようになり、二次創作にありがちな著作権問題もクリアしている。また、一般メーカーからゲームソフトやキャラクターフィギュアなど関連商品も多数商品化され、CG映像を使ったライブ興行に至っては海外でも熱狂的なファンを集めて開催されるなど、インターネット動画投稿サイトから一気に世界へ飛び出した。NHK紅白歌合戦に初音ミクが登場する日も遠くはなさそうだ。

さて、テレビに議論を戻そう。このようにオタクは嗜好に偏りがあるとはいえ、情報化社会の申し子的人種だ。そして、マンガはもちろん、ドラマにおいてもオタク系文化の影響を受けていることは否定できない。上手な形でオタク系文化を取り入れることが、情報化社会のニーズに通ずる。また、オタク系コミュニティーの情報収集力、拡散能力、二次創作への取り組みなどを研究すれば、今後のドラマ制作においてビジネス面、内容面の両面で役立つだろう。

■ ライブ番組に見る情報のあり方（視聴スタイル）

もう一点、スポーツや音楽などの生中継番組にも触れよう。それらはもっぱら衛星放送に移行され、地上波での放送も少なくなったが、ここでは視聴スタイルとしてのライブビューイングに注目したい。映画館や劇場で有料公開されるライブビューイングではなく、サッカーの国際試合などを若者たちがスポーツバーやスタジアムなどで観戦するあの視聴スタイルだ。渋谷のスクランブル交差点で大騒ぎする様がテレビのニュースでも報道され、おなじみの光景となったが、あの熱狂ぶりに今後のテレビ視聴のヒントを感じる。

視聴内容そのものがゲームでもあるが、十数年前と比べて、チームや選手個々に対する事前データとしての情報量は比較にならないくらい多い。テレビに限らずインターネットや新聞、雑誌を通じて発信する事前情報が受け手側の高揚感をあおり、試合を迎えボルテージが一気に加速する。試合当日は、多くの仲間と一緒にライブでの情報（試合観戦）を共有し、分かち合いたいという欲求に駆られる。それは共有できるモノ・コトを楽しみたいという欲求の高まりであり、声援であれ蘊蓄であれ、語り合うことで画面を通じて得られた情報が生き生きとし、集まった人々の心を熱くしていく。古くは街頭テレビに映し出された力道山の雄姿に人々が足を止めて熱狂したが、ここから学ぶことは、共通の嗜好を持つ見知らぬ人々がメディアからの情報鑑賞を目的に集まり、充分なコミュニティーが形成されるということだ。

それには同時視聴による時間の共有が不可欠となる。この同時視聴はテレビ局にとってタイムシフト視聴に対抗する好材料にもなる。

■ オタクメディアから学ぶ情報と時間軸の重要性

テレビより情報化社会への対応について先を行くインターネットでは、ニコニコ動画が配信するニコニコ生中継にコメント機能がある。ライブストリーミングの動画共有サービスで、閲覧者は再生中の動画に対して再生画面上にコメントを書き込める。コメントは、現在再生しているタイミング（時間軸）に対して投稿することができ、それ以降に動画が再生された際は、そのタイミングから画面の右から左に3秒間横切る形で表示される。この独特のコメント機能が、ニコニコ動画の最大の特徴であり特許が出願されている。コメントに時間の概念を導入したため、ニコニコ動画は従来の動画投稿には無い「利用者同士の一体感」を獲得することに成功し、それが大きな人気につながっている。

このようにネット社会では同じ嗜好をもつ者同士がリアルに集まらなくても、ネット上で情報の鑑賞を共有する術を知っている。

更にニコニコ動画では、ゴーグルをかけることで360°全周のライブ映像が視聴できるシステムも開発中だ。他の配信会社も映像コンテンツ視聴時に感情を表現するスタンプの投稿サービスをはじめた。

第4節　大衆不在の時代に生まれた国民的アイドル

これまでテレビ番組を中心に情報のあり方を議論してきたが、ここからはメディアを有効的に使った成功モデルから情報のあり方を検証する。そして大衆メディアとしてのテレビのあるべき将来像を結論付ける。

■ AKB48に学ぶマスメディアとソーシャルメディアの活用

大衆が見えない現代において国民的アイドルと称されるAKB48だが、

筆者は彼女たちのマスメディアとソーシャルメディアの使い方に、メガヒット連発の要因を感じる。そしてその分析こそが、大衆メディアの雄であるテレビの将来像にとっても有効だと考える。

　ここで再び宇野に話を戻そう。宇野の大きなゲーム論だが、その代表的な成功例としてAKB48をあげ、次のように分析している。「ファン投票で中心メンバーが選ばれる選抜総選挙、握手会、日々の公演、そのどれもがアイドルたちがプレイヤーとなって攻略するゲームであり、そのゲームによってときに凡庸と批判される若いアイドルたちのポテンシャルが引き出されていく。AKB48を応援するファンたちも選抜総選挙や握手会といったかたちで、推しメン（自分がイチ推ししているメンバー）と一緒にこのゲームをプレイできる。まさにインターネットのような双方向性を、AKB48は完全にシステムに取り込んでいる」という。宇野のAKB48をモデルに解析した大きなゲーム論は多岐にわたり、ファンは握手券のオマケとしてCDを捉えているなど、AKB48の熱烈なファンである宇野ならではの理論が多数の著書で展開されている[11]。

　さて、筆者が指摘する、マスメディアとソーシャルメディアの活用によるAKB48成功の要因と、その汎用性について論じよう。

　「会いにいけるアイドル」のコンセプトのもと、専用劇場での高頻度の公演からスタートしたAKB48だが、メンバー個々のブログやTwitterなどによる情報発信にも力を入れており、ファンサイトでの活発な情報交換にも活かされるなど、ソーシャルメディアによるファンとのコミュニケーションづくりのうまさは特筆すべきものがある。それはテレビなどのマスメディア登場後も変わらず、現場といわれるファンとの直接接触とソーシャルメディアの活動によって自分たちの成長していく姿をファンと共有することに重点を置いている。むしろ一方向で短時間の情報発信しかできないマスメディアへの出演は、ファンへの顔見世であり、新規ファン獲得のきっかけにしか過ぎず、ソーシャルメディアへの誘導手段と割り切っているように思えてしまう。

　彼女たちのファンはAKB48がマスメディアで発する情報に対して、

遥かに膨大なメンバー個々の情報を知っている。それは昨日や今日、彼女たちに起こった些細な日常での情報だ。そしてファンは彼女たちの歌や踊り、演技にではなく、キャラクターに魅力を感じているという。マスメディアで露出される演出された華やかな姿より、ソーシャルメディアや現場で見せる素の姿に魅力を感じ、ファンたちはひかれていくのだ。

過去のアイドルたちの、一側面しか見せないメディアを通じて作りこまれたイメージや、スーパースターと呼ばれる俳優やアーティストがスクリーン（テレビ画面）やステージ上から観客を魅了する完成された姿はそこにはない。それこそが情報化社会の価値観が生んだ国民的アイドルの本質なのだろう。

■ AKB48がつくる大衆（共通意識）

AKB48の成功事例は、大きな物語が衰退し大衆が不在の現代において、マスメディア単独では、社会を占める大多数の人々に対して「共通認識」をもたらすことはできても、共有できる価値観や、行動や志向を伴う「共通意識」を創り出すことは不可能だと教えている。

ここで用いた「認識」と「意識」の言葉が本来もつ意味は多様で、学術的には文脈に応じて様々な意味で使用される。この先多用する言葉なので誤解なく意味が伝わるよう整理するが、筆者は「認識」「意識」のいずれも哲学的意味合いから用いた。大辞林の哲学的用法によると【認識】は「意欲・情緒とともに意識の基本的なはたらきの一つで、事物・事柄の何であるかを知ること」「主観が客観を認め、それとして知るはたらき」となり、【意識】は「思考・感覚・感情・意志などを含む広く精神的・心的なものの総体」「唯物論でいう存在に拘束される主観としての人間の意識内容」となる。

再び議論を戻す。現代において大きな共通認識は存在しても、その先につながる大きな共通意識はほぼ存在しない。ましてや一方通行で与えられた情報から大きな共通意識が芽生えることなどあり得ない。現存する共通意識は、分散されたコミュニティーの中で生まれ、その共通意識

が同じ方向を向いたとき大きな共通意識となり、大きなムーブメントが生まれる。AKB48のメンバーの数だけ分散したコミュニティーが存在し、そのコミュニティーがAKB48という旗の下に集まることによって、国民的アイドルが生まれ、そこに大衆も復活した。

こうしたコミュニティーの中で共通意識をつくりあげることに意義を見出し、喜びを感じるのが現代人だ。マスメディアから発信された情報を共通認識とし、その情報へのフィードバックをソーシャルメディアで共有する。そこで情報はより深く掘り下げられ、新しい意味や価値観が付加され共通意識となり、更に拡散されていく。こうした相互受発信から共振によるコミュニケーションへの転化に情報化社会の今がある。

そして情報のフィードバックを誘うには、宇野のいうAKB48の成長過程にファンが熱中するように、情報の完結性が高すぎてはいけない。自分たちの意見が反映されることに期待感を持ち続けさせなくてはいけない。今後もテレビ局は、情報の完結性低下によるゲーム化や、キャラクターありきでの物語づくり、スポーツなどのライブ中継に物語性を加える事前情報の提供など、情報のあり方を軸に各番組を見直し、情報化社会の求める番組づくりを心がけるべきだ。

そして視聴者からフィードバックされる情報の受け皿となるソーシャルメディアとの連携と、それを運用する体制づくりが急務となる。

■日本のスマートテレビ、ソーシャルテレビ

日本のソーシャルテレビ「JoiNTV」と「イマつぶ」、スマートテレビの「Hybridcast」の現状について簡単に紹介しよう。

JoiNTVは、日本テレビがFacebookの技術協力を得て開発した「世界初の放送通信融合型のソーシャル試聴サービス」で、FacebookとJoiNTVに登録し、インターネット接続環境があれば、同じように利用登録しているFacebook上の友達が同様に視聴している場合、テレビ画面上に顔写真と名前が表示され、Facebookを介して友達と一緒に番組を視聴するソーシャルテレビ視聴が楽しめる。

2012年11月9日放送の金曜ロードSHOW！「ヱヴァンゲリヲン新劇場版」においての実験は、業界内でも大きな話題となった。以下、日テレのサイトで紹介された文章を流用する。

「データ放送とスマートフォンで展開するムーヴィシンクロナイザは、映画の名場面を友達と一緒に共有体験できる、今までにない番組連動企画です。ヱヴァンゲリヲン新劇場版の数々の『名セリフ』に合わせ、ムーヴィシンクロナイザにシンクロボタンが配置され、場面にあわせてシンクロボタンを押せば、そのシーンへのシンクロが完了しポイントが獲得できます。更にJoinTVでは、全国でシンクロした仲間の数や、SNSでつながっている友達のシンクロ状況も確認でき、離れた場所に居る友達とも一緒に楽しめます。」

劇中のヤシマ作戦のシーンでは、エネルギーを日本全国から集める作戦になぞらえ、画面を連続タップして作戦に疑似参加するよう呼びかけがなされたが、オタクたちの拡散力と参加意欲、連帯感の高さから、タップ回数は1億7000万回を超える大反響となった。

「イマつぶ」は、フジテレビが2010年4月13日に開設した国内放送局唯一の自社運営コミュニケーションサービスで、140文字の短いツウィート（つぶやき）を投稿し、そのツウィートを登録者で共有するソーシャルコミュニティーだ。ネット動画のリンクを張り、番組の出演者やスタッフも参加するなど、放送局の自主運営ならではのサービスが展開されており、Twitterとの投稿連携機能や、mixiと連動して番組を共有できるソーシャルチェックインサービス、番組と連動したスマートフォンアプリなど、機能・サービスを拡充し続けている。

「Hybridcast」はデジタル放送システムに通信サービスを融合し、放送と通信が機能的に連携してテレビを軸にさまざまなサービスを展開するための基盤システムで、NHKが2013年9月2日から試験放送を開始している。いわゆる「日本版スマートテレビ」で、テレビをインターネット回線に接続し、番組と連動した情報やニュースをテレビの画面で閲覧できる。今までのスマートテレビはメーカーによって仕様が異なっていた

が、今回は（IPTVフォーラムによって）標準化されていることが大きい。タブレットやスマートフォンなどを連携させたセカンドスクリーン的なサービスの開始も検討中とのことだ。

　試行錯誤の段階ではあるが、テレビ番組とソーシャルメディアの補完関係を築けば、テレビ局は現在の情報化社会に合致した価値観を獲得するだろう。人々が情報端末を手にテレビを視聴する。その先に大衆メディアの雄として君臨するテレビの将来像が開かれると確信する。

第5節　大衆メディアとしてのテレビの将来像

■ 大きなコミュニケーション装置としてのテレビ

　ここで筆者としての提言を記しておきたい。

　情報は一方通行で流すだけでは、すぐに鮮度が落ちて死んでしまう。だが、人々が共通に知り得たものを話題にしたり、利用したりすることで有用性は高まり価値も増す。一方通行の情報で終わらず、それを加工して楽しむのが現代だ。そして同じ嗜好をもったもの同士が、地理的距離に関係なく、一度も直接的接触がなくてもつながり、一定領域においてお互いの理解を深め合えるのが情報化社会だ。

　不特定多数に対する情報発信力においては、他を圧倒してトップに君臨するテレビである。テレビ局は、報道、バラエティー、ドラマ、ドキュメンタリー、スポーツ中継、音楽といった様々な番組から膨大な情報を発信し、視聴者からのフィードバックを番組と連動したソーシャルメディアで受け取ることで、これからの時代に必要とされる大きなコミュニケーション装置になれる。過去にもテレビは日々様々な話題を提供してきた。そのネタが茶の間や翌日の学校、職場でのコミュニケーションの中心だった。現在でもTwitterでつぶやかれるお題は、テレビから拾われたネタが7割を占めているという。テレビは情報発信をネタ

第6章　ポストモダンが導く大衆メディア「テレビ」の将来像　　149

（共通認識）の提供と割り切れば、再び「大衆」に向き合えるだろう。
　そして受け皿になるソーシャルメディアだが、実名登録が望ましい。番組ごとに受け皿を用意して、番組スタッフや出演者も、そのコミュニティーに当然のことながら参加する。番組コミュニティーの中に更に分散したコミュニティーがつくれるようにすることも重用だ。片手間で運用するのではなく、専門スタッフを配置し、そのコミュニティーから得た情報を番組企画に反映させていく。視聴者からのフィードバックを循環させる体制が確立されれば、番組内容も変わってくるだろう。番組と番組コミュニティーのどちらが主でどちらが従かがわからなくなったときに、情報化社会に適した未来型の番組が誕生する。
　ライブ中継の視聴スタイルも、ソーシャルメディアと連動することで大きく変わってくる。新しい視聴スタイルがもたらす喜びを視聴者が知ることは、ドラマなど収録番組の視聴スタイルにも好影響を与えるだろう。視聴率40%を超えたTBS日曜劇場「半沢直樹」は、放送中にTwitterへの書き込みが止まらなかった。ドラマ展開や登場人物へのリアクションのコメントであふれかえり、そこには確かに、いくつものコミュニティーが生まれていた。
　本来テレビが持つ朝昼夜の時間軸は、私たちの生活にリズムを与え、知らず知らずのうちにテレビがつくりだす時間軸に寄り添って生活してきた。テレビは共通時間軸を創り出す数少ないメディアであり、これを手放してはならない。テレビとソーシャルメディアの連動はテレビの時間軸を有効化し、タイムシフト視聴では得られない楽しみを提供する。
　そして何より重要なのは、番組とソーシャルメディアの融合システムを全てのテレビ局で共有することだ。システム開発を競い、他局との差別化よる視聴率稼ぎで終わらせてはならない。視聴者がどのチャンネルに合わせてもそのまま使えるシステムでなければ視聴者全体にシステムは普及せず、せっかくテレビが手にした双方向性も効力は発揮されない。
　その点から、2013年10月7日に日本テレビが発表した、JoinTVのオープンプラットフォーム化による他の放送事業者への提供はあっぱれだ。

11月にはWOWOWがJoinTVを活用し、大型無料放送番組で視聴者参加型のセカンドスクリーン企画を実施する。将来的には、ビッグデータをテレビ局同士で共有し、精度の高いデータを利用して、よりよい番組やサービスの提供につなげることもできるという。日本テレビでは今後もオープンプラットフォーム戦略を推進し、「放送事業者やテレビを利用した全ての事業者への拡大を目指し、次世代のテレビの価値を創出していく」との方針を示している。

■ 新しい倫理と新しいコミュニケーションスタイル

最後に、将来テレビがもたらすだろうコミュニケーションスタイルについて触れて終えよう。

2020年にはリビングで家族4人それぞれがセカンドスクリーンを片手に、テレビで東京オリンピックを観戦するときがやってくる。セカンドスクリーンの先はそれぞれ違った仲間とつながり、それぞれのスタイルでテレビ視聴を楽しむ時代だ。その光景を、「家族の団欒が失われた」「コミュニケーションの崩壊だ」と嘆いてはならない。

今から100年以上前の20世紀初め、ガブリエル・タルド（1843～1904年。フランスの社会学者）は、新聞に代表される活字メディアの広範な普及が、場所的な集合性に基づく群集とは全く異なる社会的集団、「公衆」を出現させると主張した[12]。

公衆とは純粋に精神的な集合体で、肉体的には分離し心理的にだけ結合している個人たちの散乱分布で、これからのコミュニケーションにおいて肉体的接触は重要ではなくなりつつある。人々は広大な地域に散在し、それぞれの家で同じ新聞を読んでいる。同時に彼らは、おびただしい数の他人にも、この瞬間に、この考え、この情熱が分け与えられているという、彼らめいめいの自覚を共有している。このように、メディアに媒介された同時性を想像することを通して公衆は現れる。

タルドの主張から1世紀を経た現在、公衆は更に進化したようにも、何の変化もないようにも思える。テレビとセカンドスクリーンを通じて、

同じ嗜好を持ったもの同士が、地理的距離に関係なく、一度の直接的接触がなくてもつながり、一定領域においてお互いの理解を深め合う。ただそれだけのことだが、そこには新しい倫理が生まれ、それに支えられた新しいコミュニケーションのスタイルが生まれる。

〔注〕
(1) オタクということばについて、ネット上で「アニメやマンガ、ゲームからデザイン・アートまであらゆる言葉・現象・文化・作品を解説するみんなでつくる百科事典」であるピクシブ百科事典より抜粋すると、次のようになる。「オタクとは、自分の好きな事柄や興味のある分野に傾倒する人への呼称。現代においてオタクという言葉は、定義が曖昧であり、はっきりと意味を断定することはできない。サブカルチャーの世界においては、世代ごとにオタクは分類されており、70年代にオタク文化に傾倒した世代を第一世代とし、そこから80年代は第二世代、90年代が第三世代、00（ゼロ）年代が第四世代とされている。現在においては、多くの芸能人や文化人がオタク趣味の持ち主であることを公言するようになり、個性のひとつとして好感をもって受け止められることすらある。」http://dic.pixiv.net/
（2013年10月15日アクセス）
(2) ジャン＝フランソワ・リオタール著、小林康夫訳『ポストモダンの条件』水声社、1986年
(3) 東浩紀（1971～）作家・思想家、思想地図を刊行する出版社ゲンロン代表取締役社長兼編集長
(4) 『電通・新大衆調査』電通消費者研究センター 2007年実施、p.4
(5) 総務省『平成24年度版情報通信白書』第1章第1部「第3節デジタルネットワーク完成が導くメディア新展開」より
(6) 大見崇晴（1978～）在野研究家、戦後テレビメディアの変容を追う
(7) 宇野常寛（1978～）評論家、企画UNIT第二次惑星開発委員会主宰
(8) 宇野常寛・濱野智史『希望論』NHK出版、2012年、pp.97-100

(9) Nippon.comシリーズ日本映画の未来を検証より　http://www.nippon.com/ja/features/c01102/　（2013年10月15日アクセス）

(10) 東浩紀『動物化するポストモダン〜オタクから見た日本社会』講談社現代新書、2001年、pp.57-58

(11) 宇野常寛『日本文化の論点』筑摩書房、2013年
宇野常寛『リトル・ピープルの時代』幻冬舎、2011年
宇野常寛・濱野智史『希望論』NHK出版、2012年

(12) ガブリエル・タルド著、稲葉三千男訳『世論と群集』未來社、1964年

第7章

生活者は映像メディアとどう向き合ってきたのか？

テレビの隆盛と劣勢の背景

■

鈴木祐司　すずき・ゆうじ

1958年愛知県生まれ。東京大学文学部卒業、NHK入局。函館、東京、大阪で、主にNHKスペシャルなどドキュメンタリー番組を制作。この間、放送文化研究所研究員、報道局解説委員室解説委員等を経て、編成センターや大型企画開発センターで通信と放送を連携させる取り組みを担当。著書・論文は、『福祉で町がよみがえる』（1998年、日本評論社、共著）、『放送十五講』（2011年、学文社、共著）など。

本章の主張

　テキスト・音声・映像を全て駆使し、多くの人々に瞬時に情報を届けられるがゆえに、テレビは20世紀にメディアの王様の座についた。しかし今世紀に入り、インターネットにその座を脅かされつつある。ネットの優位性がその一因だが、テレビの進化の中にも原因があった。ザッピング対策のため過剰な演出が蔓延したなどである。

　テレビのライバルとしては、テレビゲーム、パソコン、ケータイなどが挙げられる。これらの登場のタイミングに応じて、世代ごとにメディア接触の仕方に違いがある。さらに同世代でも、個人の志向や傾向により情報消費の実態が異なる。

　こうした状況の中でテレビは今、高画質化、スマート化、タイムシフト、双方向化などと向き合い始めている。どの要素がどう作用するのか。テレビ局は映像情報をいかに提供すればよいのか。多様化する生活者に対応したテレビのあり方を展望する。

第1節　メディアの栄枯盛衰とテレビの課題

■ テレビは如何にしてメディアの王様になったのか

　20世紀は「映像の世紀」と言われる。
　NHKは1995年3月からアメリカABCと共同取材で、NHKスペシャル「映像の世紀」全11本シリーズを放送した。その番組説明に「20世紀は人類が初めて歴史を"動く映像"として見ることができた最初の世紀」とある[1]。フィルムやVTRなど撮影技術の進化により、世界中で起こった様々な事件・事故・現象を"動く映像"として記録に残し、普通の人々が追体験できるようになった時代だったのである。
　多くの人へ情報を伝達するメディアは、もともとテキストから出発した。書籍・新聞・雑誌などだ。次に音声メディアが登場する。オルゴール・レコード・ラジオ・CDなど。そして映画・テレビ・DVDなど映像メディアが続いた。これらテキスト・音声・映像の3タイプを比較すると、次のような特徴が認められる。
　テキストメディアは、言葉という抽象度の高い道具に、現実の事象や人々の思いなどを載せて、送り手から受け手へ伝達するシステムだ。ところが、文字や文章を駆使して送り手が現実を描くのは、高度な知識と豊かな表現力を必要とする。それを受け手が送り手の意図通りに理解するのも、一定以上のリテラシーを要する。つまり両者の間で、イメージのコピーミスが起こりやすいのである。
　音声メディアはテキストが効果音の助けを得、イメージは格段に伝わりやすくなった。例えば「ギ〜、バッタン」という効果音が付けば、受け手はドアが閉まった情景を思い浮かべる。重々しい音楽が流れれば、送り手が深刻なシーン描いていると想像できるのだ。
　さらに映像メディアの登場で、受け手は一段と描かれたものを正確に把握できるようになった。「百聞は一見にしかず」という言葉がある通

り、例えば白馬の映像を映せば、文字での詳細な描写は不要だ。泣き顔の子が映れば、全ての人は彼女が喜んでいるとは受け取らない。しかも映像には、効果音やコメントが付加される。送り手と受け手のイメージに齟齬が発生しにくくなった。受け手にとって、映像メディアは分かりやすく、リアリティが増した分だけ、親しみやすくなったのである。

メディアがより大勢に受け入れられる要素として、伝達の仕組みも関係した。書籍・雑誌・レコード・CDなどは、パッケージメディアと言われる。情報を紙や板に載せ、送り手から受け手に"モノ"を届けて初めて情報が伝わる仕組みだ。タイムラグは数時間から数日、受け手の数も日本では最高で1000万ほどだった。ところがラジオやテレビは、情報伝達に"モノ"を介さない。フローメディアと呼ばれるが、受け手には瞬時で届く。その規模も、全世帯5000万が対象となった。これら同時性と伝達の規模が、放送を優位に立たせた。結果として、映像がありフローメディアだったテレビが、20世紀後半にメディアの王座に就いたのである。

■ テレビの優位が揺らぎ始めた

ところが1990年代、インターネットが普及し始めると、状況は徐々に変わり始め、2000年代にブロードバンド・インターネット（以下BB）が一般的になると、メディアの勢力地図は塗り替えられ始める。メディア価値を測る広告費では、まずは雑誌、ラジオ、新聞がインターネットに凌駕され、今やテレビも猛追を受けているからだ。

既存メディアがBBに抜き去られていく要因は、利用者側からみると、情報取得の迅速化と接続料金の定額制導入が挙げられる。BB前のダイヤル回線時代は、速度が遅いことに加え、従量制だったために取得した情報量（パケット量）に比例して回線使用料が高くなった。これではネット利用に抑制の力が働いてしまう。しかしBBでは、同額で使い放題のために利用が一気に促進されたのである。

次にネット上では、大半のコンテンツが無料という点も大きかった。

例えばメールは、郵便や電話と比べて極めて便利だった。定額制の回線使用料は、この部分のみでも十分値ごろ感をもったのである。加えて新聞や雑誌の記事などもネット上に一定程度掲載されたため、BB契約は飛躍的に伸びていった。この結果、既存メディアにお金を払って購読するという習慣は、若年層を中心に次第に後退していったのである。

もう1点、インターネットが多くの人の心を捉えた要因として、「オンデマンド」「ピンポイント」というキーワードを忘れてはいけない。既存のメディアと比べ、ネットでは必要な時に必要な情報にアクセスできる。膨大な情報がネット上に存在し、その中から自分の都合に合わせて欲しい情報にたどりつけるという利便性である。かくして広告費において、新聞や雑誌はネットに逆転されていった。

さらにここ5年余りで、BBによる放送への侵食も始まる。筆者は2000年代前半、慰安・暇つぶし目的のテレビ視聴に、ネットはあまり影響を及ぼさないと見ていた。自ら探しに行く情報の取得では、机に座り前のめりにPCに向かうが、娯楽系映像はくつろぎながら受け身的に視聴する方が楽だからだ。ところが、現実は異なった。BB化が進み、

図1　TVとネットの世代別利用時間（2005年と2010年）

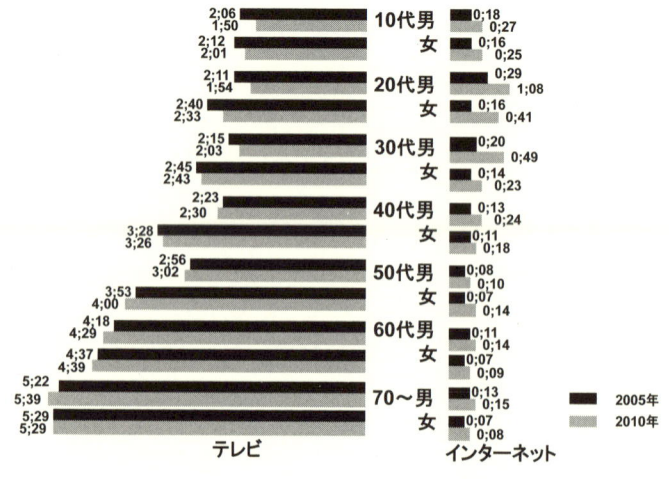

世代	テレビ 2005年	テレビ 2010年	インターネット 2005年	インターネット 2010年
10代男	2;06	1;50	0;18	0;27
10代女	2;12	2;01	0;16	0;25
20代男	2;11	1;54	0;29	1;08
20代女	2;40	2;33	0;16	0;41
30代男	2;15	2;03	0;20	0;49
30代女	2;45	2;43	0;14	0;23
40代男	2;23	2;30	0;13	0;24
40代女	3;28	3;26	0;11	0;18
50代男	2;56	3;02	0;08	0;10
50代女	3;53	4;00	0;07	0;14
60代男	4;18	4;29	0;11	0;14
60代女	4;37	4;39	0;07	0;09
70〜男	5;22	5;39	0;13	0;15
70〜女	5;29	5;29	0;07	0;08

出典：NHK「国民生活時間調査」から

YouTubeやニコニコ動画などのソーシャルメディアの利用が急増すると、若年層を中心にテレビ視聴時間が減少し、BB利用時間が増えていったのである。

　この傾向が顕著になるのは2006～07年以降。例えば2005年と2010年の日本人のテレビとネットの利用時間を比較しよう。国民の平均値で見ると、テレビ視聴時間の減少は数分程度、ネット利用時間の増加も10分程度だ。ところが若年層では、その差は歴然とした。例えば20代男性では、5年間でテレビは17分減り、ネットは39分増えた。両者の時間比は17対4から3：2と拮抗し始めたのである（図1）。もし過去5年と今後5年の変化率が同様に推移すると、2015年時点での20代男性のテレビは1時間37分で、1時間47分のネットに抜かれる計算になる。その通りとなるか否かは不明だが、勢いがネットの側にあることは否定できない。

■ メディアに対する国民意識の変化

　量的な問題だけでなく、国民の意識も変化している。総務省『平成24年版情報通信白書』には、生活者が各メディアをどう重視しているか、どんな役割を評価しているか等の調査結果が掲載された。それによれば、国民全体の平均値として見ると、「情報源」「楽しみ」「信頼度」「役立ち度」「話題」のいずれの評価指標でも、テレビがトップだった。ところが「役立ち度」「楽しみ」「話題」でネットは2割以上の人が最も高く評価し、メディア順では第2位につけている[2]。

　しかもこの評価を、年層別で見ると興味深い事実が浮かび上がる。10～20代の「役立ち度」「話題」では、いずれもネットが3割を越え、「楽しみ」に至っては4割超と、テレビとほぼ肩を並べた。この傾向は年齢が上がると顕著でなくなり、逆にテレビが高まっていく。つまりネットは若年層、テレビは高齢層という構図が明確になっていたのである。

　さらに過去3年で「最も評価が上がったメディア」を聞くと、ネットが大きく躍進していた。「情報源」「楽しみ」「役立ち度」「話題」の4項目で5割近い人が挙げ、いずれもテレビを上回った。唯一「信頼度」だ

けは、3割強と4割を越えたテレビに及んでいないが、これも世代別では若年層のネット志向が顕著となった。「楽しみ」「話題」で、10〜20代の6割超がネットを挙げ、3割前後のテレビに大きく水を開けた。「情報源」「役立ち度」でも、10〜20代の6割弱がネットを選んだ。さらに30〜40代の過半も、「情報源」「楽しみ」「役立ち度」でネットとした。ネットの躍進は40代にまで及んでいることが分かる[3]。

　以上の通り、今やネットは質量ともにテレビに迫り、若年層では凌駕し始めている。ネットの登場とその進化プロセスが、世代によって与えた影響が異なるために起こった違いと言えよう。その考察は後で詳述するが、その前に過去20〜30年のテレビ視聴のされ方にも、ネット躍進をもたらした原因があった点を押さえておきたい。

■ リモコンの普及で、テレビ番組は演出過剰へ

　テレビ放送の開始は1953年。その時点でのNHK受信料契約数は866件、1年後でも1万6779件だった。ラジオの当初3500件、1年後25万8491件と比べると、かなり遅いペースだった。最大の原因はテレビ受像機の値段だった。大卒初任給が約8000円に対して、テレビは約20万円と2年分の年収に相当していたからである。

　ところが1958年頃から、テレビの普及には勢いが出る。街頭テレビ、

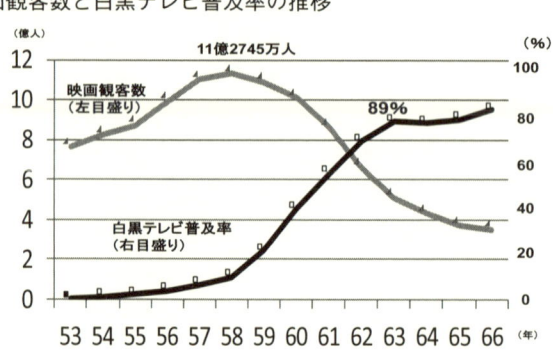

図2　映画観客数と白黒テレビ普及率の推移

出典：

プロレス中継、皇太子ご成婚、娯楽番組、高度経済成長、東京オリンピック。前提には多様な要因があったが、登場から10年で普及率約9割という、他のどんな家電より早い普及を実現させた。そして1975年には、広告費で新聞を抜いて全メディアの首位に立った。登場から20年ほどでの偉業だった。逆にそれまで映像メディアの王座にいた映画は大打撃を被る。1958年に11億人を超えた観客数がその後激減し、1975年にはピークの1／7の2億人弱にまで落ち込んでしまったのである（図2）。

　ところがテレビも、1980〜90年代に転機を迎える。無線リモコンがテレビに標準装備され、視聴者が容易にザッピングをするようになったからだ。生活者のテレビへの意識が、この頃を境に希薄化して行った。例えばNHK放送文化研究所の全国放送意向調査では、"番組を漠然と見る"人は1982年21％だったが、2012年は34％に増えている。逆に"専念視聴"は、77％から57％に減った。集中して見る人の比率が下がり、"ながら視聴"が45％から57％と30年で過半になった。特に16歳から40代女性に至っては7割前後も占めるようになったのである（図3）。

　この間に番組のバラエティ化が進んだ。スタジオを基に複数のコーナーを構成するタイプだ。例えば19〜22時の番組ジャンルでは、1970年代末はドラマが5割近くと最多だった。いっぽうバラエティは2割に届かない程度だった。ところが今や、ドラマは2割ほど、バラエティ番

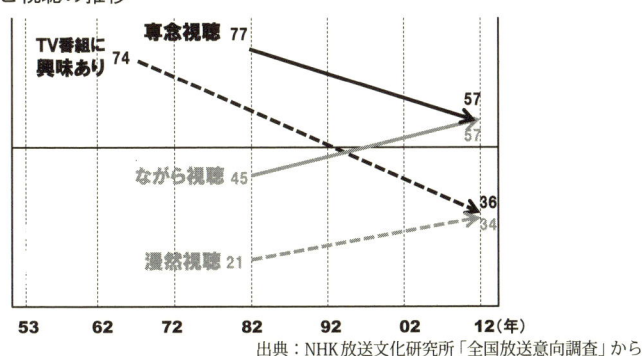

図3　テレビ視聴の推移

出典：NHK放送文化研究所「全国放送意向調査」から

組は5割と、両者の比率は入れ替わっている。劇的な変化と言えよう。

バラエティ増加の背景には、視聴者の関心がワンテーマでは20分以上続かなくなった点が挙げられる。短いコーナーで目先を変え、早いテンポと新たな刺激でザッピングを食い止める目的だ。しかも移り気な視聴者は、番組を全部見るとは限らない。視聴者が番組をどこからどこまで見ても楽しめる構成が、視聴率を最も上げやすいと見なされたのである。

番組の構造が変わっただけではない。演出も一変した。例えばテロップ表示は、以前と比べると格段に増えた。番組全体のタイトルやコーナー・タイトルの常時表示が当たり前となった。途中から見始めた人が、すぐに何の番組か分かるための配慮で、中には「まもなく○○登場！」などと、次の展開を予告し続ける場合もある。さらに出演者の発言を文字で表示することも一般的になった。時には「？」や「!!」など、心情までも代弁するケースも出ている。結果として、同時に別々のテロップが4〜5個も表示されることが珍しくない。明らかに文字が過剰だが、「分かりやすくする」「多様な関心に応える」「刺激を増やしてザッピングを減らす」ための演出として多用されたのである。

文字・テキストに続き、音声部分も一変した。効果音や効果音楽が激増した。テレビ草創期に米国から輸入したコメディー番組などにも、拍手や笑い声が足されているケースはあった。しかし1990年代以降、アタック音、効果音楽が随所に加えられるようになった。結果として異なる種類の音が同時に3〜4つ重なるのが普通となった。これも「刺激を増やしてザッピングを減らす」ための演出だった。

映像部分も例外ではない。細かな編集により、各カットは短くなっている。VTRでは、スタジオ出演者の反応を小窓を設けて映すのが一般化した。ブラック・アウト、ポジネガ反転などの映像効果も頻発している。ズームやパンなどを早回し加工し、ご丁寧に「シャキーン」など存在しない効果音を当てることすらある。こうした「刺激を増やしてザッピングを減らす」涙ぐましい努力が随所に見られるようになった。

しかもこうした現象は、バラエティにとどまらない。ニュースでもテ

ロップを増やし、効果音楽を多用する傾向にある。ドキュメンタリーなど硬派番組でも、実在しない効果音を加えた奇抜な編集が度々みられる。ドラマでも、派手な編集や効果音は当たり前になってきている。

■ 追えば逃げる視聴者の心

「分かりやすさ」「早いテンポ」「強い刺激」は、いずれも視聴者を逃がさないためのザッピング対策だ。確かに一定の効果もあるが、今や番組マーケティングの手法として「ホールテスト」と称するものまである。集めた被験者に、テレビゲームの操作機のような端末を持たせ、「面白い」「退屈」などを常時選ばせ、コーナーにとどまらず、毎秒の受け止められ方を測定し、番組の細部を改善しようというもくろみである。

しかし、こうした取り組みは前述の通り、逆に「専念視聴」を減らし、「ながら視聴」「漫然視聴」を増やしてきた。そして「（テレビに）興味ある」も、1967年74％が45年後の2012年には36％と半減させてしまった。「木を見て森を見ず」ではないが、テレビ放送全体にとって、本当に正解だったか怪しいと言えよう。

筆者はテレビ放送60年の記念番組で、収録風景を1000人にネット経由で見てもらい、テレビや番組への評価を投稿する形で自宅から参加してもらった。残念ながらその結果も、テレビや番組への評価が良い方向に向かっていないことを示していた[4]。

「ドラマの視聴量」では、「増えた」21％に対して、「減った」は79％と圧倒的だった。この傾向は視聴率データでも確認できる。1997年の夜間帯（19～23時台）に放送されたシリーズドラマは33本あった。そのうち平均視聴率が15％を超えたものは32本。97％のドラマがよく見られていた。ところが年々視聴率は下がり、ドラマの本数も減った。15年後の2012年、ドラマは9本減って24シリーズとなったが、視聴率15％超は7本のみ。今や3本に1本も15％に届かないのである（**図4**）。

バラエティの視聴率も15年で大きく低下した。1998年1月18日（土）の19～23時台に放送されたバラエティ番組は、10時間30分で、平均視

聴率は15.1%だった。やはり15%超の番組がたくさんあり、20%超も2本あった。ところが15年後の2013年1月13日（土）、バラエティは13時間と2時間半増えたが、視聴率は10.2%と5%も下落していた。ドラマと同様、バラエティも訴求力が大幅に低下していたのである。

　ニュースやドキュメンタリーも、視聴率の低下は著しい。例えば朝7時台の「NHKニュースワイド」は、1980年代前半には30%前後の視聴率を誇っていた。ところが裏番組の日本テレビ「ズームイン朝」が、日本で初めて番組マーケティングを本格的に実施した結果、1990年代半ばまでに視聴率を15%超とし、同時間帯トップに躍り出た。その後、各局も研究を重ねた結果、同時間帯は激戦と化し、今やトップでも10%ほどしか取れなくなっている。

　番組マーケティングが進化し、演出が研ぎ澄まされた結果、各局の番組は均質化に向かっている。2013年2月1日のテレビ60年特番では、出演したバラエティのプロデューサーが、「雛壇芸人」という言葉を使い、番組の均質化を認めていた。民放のドラマ関係者には、1990年代以降の「トレンディドラマと事件もの」という2つの流れを危惧する人もいる。共に多様性に欠けるという旨の発言である。

　データにも、これらの現象に対する視聴者の意識が表れている。テレビ60年特番で、ネットでつないだ1000人へのアンケートでも、「今のテレビに魅力を感じるか」と問うたところ、「はい」32%、「いいえ」68%

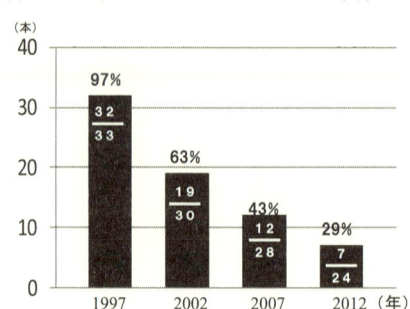

図4　19～23時台ドラマ平均15%以上シリーズの本数

出典：ビデオリサーチ

と過半は魅力を感じないと答えた。彼らが投稿した自由記述には、「次の展開が見えてしまう」「大げさな演出」「似たり寄ったり」など、独創性の欠如、多様性のなさ批判がなされていた。

さらに深刻なのは、「これからのテレビは面白くなるか」という問いへの回答だ。「はい」24％、「いいえ」76％。4人に3人までが、今後もテレビが面白くならないと見ている。投稿された自由記述にも、「テレビよりインターネットの世界で新たな取り組みが出てきている」「ネットなら、知りたいものにすぐにアクセスできる」「自分たちの思いは、ネットの世界で反映されている」などが来た。筆者はここに、3つのキーワードを感じる。オンデマンド、ピンポイント、そして双方向だ。若年層を中心に、今の生活者は多くの選択肢から自分にとって最適な情報を選べる環境にある。そして、それを実現する最適な道具がネットなのである。こうした状況が前提にもかかわらず、プロが提供する情報に長くとどめようという姿勢が、既に生活者の生理と乖離し始めている。「追いかければ逃げる視聴者の心」。番組制作者と視聴者との関係は、残念ながらこうした一面を持ち始めていると言わざるを得ない。

第2節　メディア接触の重層性

■ テレビのライバル登場①〜携帯電話以前〜

テレビ番組の構成や演出が変化するという内的要因だけでなく、取り巻く外的要因もテレビの位置づけを変えてきた。ライバルとなる新たなメディアが次々と登場したからだ。最初の衝撃は、1983年発売のTVゲーム「ファミコン」だろう。それまでテレビ受像機は、放送を受信するための専用端末だった。ところがTVゲームの登場で、テレビは放送を見るか、あるいはゲームをするか、相対的な存在に変わったのである。

同じ頃、レンタルビデオという新サービスも普及を始めた。1978年に

ソフト売り上げは20億円に過ぎなかった。当初数年間はごく一部の家庭にしか録画再生機が普及しておらず、テレビ放送には全く影響がなかったが、1985年に売り上げは1000億円の大台に乗る。ソフトの本数としても、1988年に1000万本を超え、徐々に存在感を増していた。そして2004年には、売上額で3754億円、ソフト本数で1億1000万も出回るようになった（**図5**）。視聴率を調べるビデオリサーチ社は、空きチャンネル率という数字を出している。テレビゲーム、レンタルビデオ、テレビ番組の録画再生など、テレビ受像機が放送の受信以外に利用されている割合を示したものだ。数字はこの頃5％を超えるようになっており、地上波テレビのライバルの存在は、もはや無視できないほど大きくなっていたことが分かる。

次に、1980年代後半から1990年代前半にかけ、モバイルがテレビのライバルとして影響を持ち始める。第一歩はポケベルだった。もともとは1968年に東京23区で、旧電電公社（現NTT）が始めたのが最初。当初の利用は、主に企業が従業員の呼び出しに利用するなど業務用が主流で、普通の生活者の情報消費とは無縁だった。

ブレークのきっかけは1985年。この年実施された通信の自由化で、電電公社のポケベル事業はNTTドコモに移管された。さらに新たな通信事業者が参入して料金が下がると、10代若者の間でポケベルが普及し始

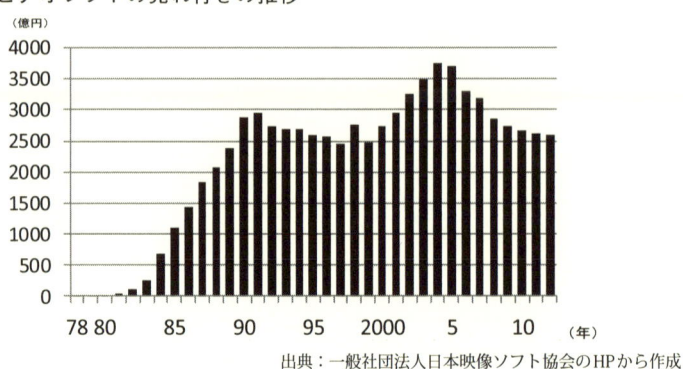

図5　ビデオソフトの売れ行きの推移

出典：一般社団法人日本映像ソフト協会のHPから作成

める。そして数桁の数字を伝達する新サービスが開始されると、女子高生を中心にポケベル利用が爆発的に広がった。例えば「0840＝おはよう」「4649＝よろしく」など、数字メッセージの道具となった。テンキー入力で通信を楽しむ風潮が蔓延したのである。

こうした文化は「ポケベルが鳴らなくて」(1993年・日本テレビ) というドラマがヒットするほど社会現象となった。その後ポケベルは、カタカナや漢字を表示できるタイプも登場し、当初の「無線呼び出し装置」から、完全に「コミュニケーション・ツール」と化した。最盛期の96年には、加入者が1000万人を超えるまでの流行商品となったのである。

次に登場したライバルは、1990年代後半に普及したパソコンだ。1台の端末でメールのやりとりが出来る他、既存のメディアにはない様々なコンテンツが楽しめ、愛好者たちのメディア接触時間がテレビからパソコンへ移り始める。しかも2000年代のBB化で、動画もPCの対象となると、一部愛好家だけでなく普通の人々もネットへ傾斜し始めた。

総務省および内閣府の調査では、いずれの統計もウィンドウズ95が発売されて以降キャズム理論[5]で言われる普及率16％ラインを越え、広まり始める。単身世帯や外国人世帯を除く2人以上の世帯を調べた内閣府「消費動向調査」では、2000年度に普及率が50％を超え、今や4分の3の世帯でPCは利用されている。単身世帯を含む全世帯を対象にした総務省「通信利用動向調査」でも、2000年に50％を超え、2008年にピー

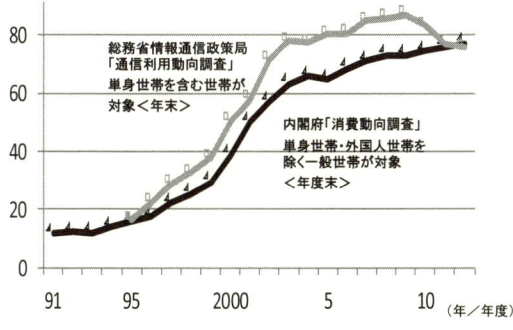

図6 パソコンの世帯普及率の推移

クの87.2%に達する。その後は下落を始め2012年には75.8%となる（図6）。その背景には携帯電話の普及がある。

■ テレビのライバル登場②〜携帯電話以後〜

そもそも携帯電話は、1979年に旧電電公社による自動車電話が最初だった。続いて1985年にショルダーフォン、1987年にアナログの携帯電話が登場した。ただし端末は重く大型であったため、一部のビジネス利用にとどまった。ところが1988〜89年の新規事業者参入で料金引き下げ競争が始まると、端末の重さも300g前後の小型・軽量化が実現し、一般利用者への普及が始まった。さらに1995年1月の阪神・淡路大震災で、有線インフラが壊滅的な打撃を受ける中、携帯電話は無線の強みを発揮した。かくして携帯電話は急普及を始めた。1992年時点での自動車・携帯電話は約170万だったが、1996年1000万台、1997年2000万台、1998年3000万台、2000年4000万台と、毎年1000万の新規加入を獲得し始めた。1990年代後半は、まさに携帯電話が大ブレークした時代だったのである（図7）。

次に携帯電話に質的変化が起こる。IP接続サービスだ。第1号は1999年2月にスタートしたNTTドコモの「iモード」。携帯電話が爆発的に

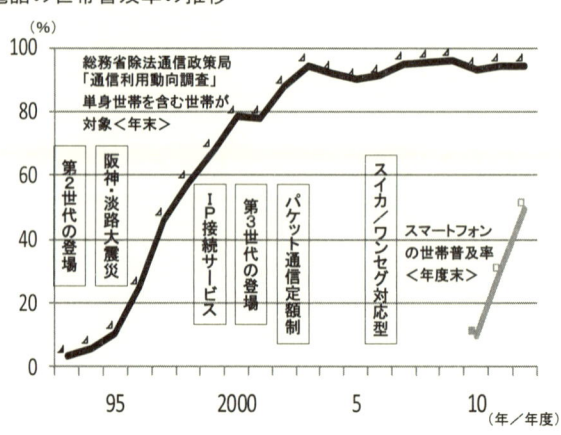

図7　携帯電話の世帯普及率の推移

伸び始めた1995〜96年頃に、いずれ音声通話が成熟し、データ通信が柱になるという考えの下に開発が始まっていた。つまり固定電話を「いつでも、どこでも」化したのが携帯電話とすると、パソコン・インターネットを「いつでも、どこでも」化したのがIP接続サービスと言える。「iモード」対応サイトが簡単に作成でき、多くの携帯電話やパソコンとメール送受信が可能になった。ドコモ以外の競争相手も、「J-Skyウェブ」「EZweb」などの名で、IP接続サービスは増えていった。

　これらが「モバイル革命」と呼ばれるゆえんは、人々のケータイ利用の仕方を大きく変えたからである。NHK放送文化研究所によれば、2001年に国民一人当たりのケータイでの通話とメールの利用時間は、通話が10分、メールが9分だった。しかし5年後の2006年、通話は12分とあまり変わらないが、メールは19分と倍増し、通話を大きく上回った。これは1億2000万国民の平均的な数字ゆえ、利用者の中での統計となると、メール利用時間は通話の3〜4倍となる。携帯電話は音声通話からデータのやりとりをする道具へと大変身を遂げ始めたのである。

　この変化を象徴する出来事がある。国語辞典での表記が改められたのである。『三省堂国語辞典』は2001年発行の第5版から、「携帯電話」を意味していた「携帯」を、漢字だけでなく片仮名の「ケータイ」も認めるようになった。電話のための端末ではなく、データ通信のための端末という位置づけが、国語学の世界でも認知されるようになったのである。

　変化は国民の意識にも出始めた。テレビは3m、パソコンは30cm、そして「いつでも、どこでも」のケータイは0cmメディアと位置づけられる。そのケータイが若年層の第一メディアとなり、中にはメールの返信を数分以内にしなければならないという強迫観念を持ったり、風呂場の中まで持ち込むなど依存的現象が蔓延し始めた。いっぽう若者だけでなく、中高年にも意識の変化が現れた。NTTコミュニケーション科学基礎研究所の「ケータイ使用実態に関する調査」によれば、50代以上の4人に3人が「(ケータイが)家族の絆を強くしてくれた」と答えている。マイナスだけでなく、プラスにも作用し始めたのである。

■ メディア利用における世代論

　こうした新端末の登場を俯瞰し、電通総研は「76」「86」「96」などと、世代間の特徴を指摘している。PC利用に精通する「76世代（1976年前後以降生まれ）」、モバイルによりなじむ「86世代」、映像の持ち出しや加工を自然に行える「96世代」などである[3]。

　「76世代」前後では、メディアとの出会い方が大きく異なる。前世代は成人した後にデジタル・メディアと出会っている。「デジタル・イミグラント」と呼ばれるが、長じて英会話を学んでもヒアリングで苦労するように、ネットを使えるまでにキーボードの打ち込みやWebサーフィンにおいて、多大な努力を払って少しずつ上達していった人が大半だ。逆にテレビなど既存のメディアには子供の頃から慣れ親しんでおり、日本語を自然に使いこなせるように、苦労なく向き合ってきた世代である。

　いっぽう「76世代」は小学生の頃にテレビゲームと出会い、テレビ受像機は放送の専用端末ではなく、ゲームをするか番組を見るか、最初から相対的な存在だった。中高生の頃にはポケベルに出会い、テンキーの打ち込みに習熟していた。そして大学生の頃、ウィンドウズ95が登場した。それまでのパソコン通信と異なり、特殊なネット言語を知らなくとも、ネットを自然に使いこなせるようになった世代なのである。

　「86世代」の成長期は、デジタル・メディアがより進化していた。小学生の頃にPCが普及し、中高生の時代にIP接続サービスが前提のケータイが普及し始めていた。つまり「76世代」にとってネット端末はPCが一般的だったが、「86世代」はPCよりケータイが普通となっていた。例えば大学でのリポート提出も、PCで作文して提出するより、ケータイで打ち込む方が楽という学生が多くなっている。「PC世代」ではなく、「ケータイ世代」と呼ばれるゆえんである。

　さらに電通総研は、1996年以降の生まれを「96世代」と呼ぶ。小学生の頃にはPCやケータイにとどまらず、携帯できる音楽プレイヤーやゲーム機などが普及していた。YouTubeやニコニコ動画などWeb2.0の

時代でもあった。文字だけでなく動画もコミュニケーションの道具として使いこなせる世代で、「ネオ・デジタルネイティブ」とも呼ばれている。

これらの世代は、以前の世代と比べ、テレビの視聴の仕方が大きく変わっている。オンデマンドかつピンポイントにコンテンツを楽しむようになり、マスコミの世界より趣味や話題を共有するコミュニティの中で、映像も含めた情報消費を好む。かくして映像情報を一方向で消費するテレビ視聴は、世代や時代とともに減少し始めていったのである。

■ 多様なメディア消費

いっぽう博報堂メディア環境研究所は2009年、各種メディアとの接触の仕方を基に生活者を9分類して、各層のメディア接触のパターンを説明している。この場合、単に年齢や男女できれいに分かれるのではなく、同世代でも異なるタイプが併存するとした点が興味深い（**図8**）。

9分類のクラスターは以下の通り[6]。まず男性中高年が中心となっている層が「ラジおじさん」。情報感度は高めでネットも賢く活用するが、「ラジオ」も生活の一部になっている。調査時点では、生活者の14.5％を占めた。中高年層でも女性の占める割合が高いのが「アナログ奥さん」。ネットには縁遠く、テレビや新聞への接触が他の層と比べ高い。専業主婦が多く全体の13.1％を占める。40〜50代の比率が高い層の一

図8　生活者のメディア接触9パターン

年齢	男多い ←	性別	→ 女多い
高	ラジおじさん 14.5%	おいそがシニア 18.3%	アナログ奥さん 13.1%
	パソコン草食男子 8.3%	おとなミーハー 14.7%	つまみ食い漂流女子 10.0%
低	情報ハンターボーイ 1.8%	低体温30s 12.2%	コンテンツ熱中ガール 6.9%

つが「おとなミーハー」。既存メディアを愛好すると共にネットも使いこなし、流行情報もそつなく得ている人々。1980年代に青春を謳歌したバブル世代が中心で、全体の14.7％を占める。以上の3層は、量の多寡はあるものの、テレビや新聞など既存メディアへの接触がある程度確保されている。問題はメディア接触が従来と変わり始めている他の層だ。

　50～60代の占める割合が最も高いのが「おいそがシニア」。高齢者が多いが趣味や勉強などリアルの活動や人付き合いが忙しく、メディアの優先順位が低い。ネットも新聞・テレビなども、全層中で最も接触時間が短い。人数としては全体の18.3％を占める。20～30代女性の占める割合が最も高いのが「つまみ食い漂流女子」。社会性を気にすることなく、自分の好きなメディアだけをつまみ食い。お金をかけてコンテンツを楽しむ余裕のない層で、一番よく使うのはネット。全体の10％を占める。対照的なのが10～40代男性で6割を占める「パソコン草食男子」。PCでネットをしている時間が他と比べ圧倒的に長い。テレビも視聴するが、もっぱら録画再生が中心。マメに情報収集を行うタイプで、全体の8.3％を占める。30代の比率が最も高いのが「低体温30ｓ」。テレビは見るが「録画再生」中心で、他のメディア接触は少ない。仕事が忙しく、毎日ヘトヘトで自分の時間がとれないタイプ。全体の12.2％を占めている。以上3層は30代までの比率が高いが、いずれも既存メディアからは遠ざかりつつある。技術の進歩と端末の多様化で、自分のニーズに合わせてメディア接触が従来と変わり始めている人々と言えよう。これらに比べ、残り2層は劇的にメディア接触が異なる層である。

　10～20代8割、男性7割、10代男性4割となっているのが「情報ハンターボーイ」。新しい端末やメディアに敏感で、情報感度はかなり高い。全体の1.8％を占める。これと対照的なのが、10～20代女性で65％を占める「コンテンツ熱中ガール」。ケータイなしには生きていけない人が多いが、決して新機種が好きというわけではない。自分の好きなコンテンツを追いかけることに熱心で、結果として携帯のネット利用が多く、他メディアの接触時間は少ない。全体の6.9％を占める。

テレビの側から見ると、後半5層に共通するのは、CMが届き難い点。録画再生によるCM飛ばし、ダブルスクリーンによる意識の希薄化、そしてネット経由で見たい部分のみ見るという風潮。かつては街頭テレビに2万人が殺到した。ようやく自宅に入ったテレビに狂喜乱舞した60代以上の共通体験は、今や遠い昔となってしまった。

　今も中高年を中心に、テレビが量的に最も多くの生活者にリーチするメディアであることは変わらない。しかし一部の高齢者はテレビ離れを起こし、若年層の心を捉えられなくなっているのも現実だ。生活者の変化にどう対応するのか。テレビは岐路に立っていると言わざるを得ない。

第3節　多様な生活者にどう向き合えるか？

■「4K／8K」「スマートテレビ」という方向性

　生活者の映像メディアとの向き合い方が大きく変わる中、総務省は2012年11月から「放送サービスの高度化に関する検討会」を開き、翌年6月に「検討結果とりまとめ」を発表した。それによれば、総務省・放送業界・家電メーカー・学者の検討結果として、「4K／8K」「次世代スマートテレビ」を推進していくことになった。実施に当たっては、放送事業者、受信機メーカー等関係事業者が参画した組織「次世代放送推進フォーラム」が設立された。オールジャパン体制と言われている。

　「4K」は現行のハイビジョンの4倍の情報量を持つ高精細画像を実現する。そして「8K」は、さらに4倍、つまり現行の16倍を実現するという。前者はサッカーW杯ブラジル大会が開催される2014年に、そして後者についてはリオデジャネイロ五輪が開かれる2016年に、それぞれ試験的な放送を開始する予定である。さらに東京オリンピックが再び開催される2020年には、「希望する視聴者が、テレビによって4K／8Kの放送を視聴可能な環境を実現」するとしている。

さらに「4K／8K」のテレビでは、「次世代スマートテレビ」の機能を持たせる方向が検討された。「次世代スマートテレビ」とは、「放送リソース（放送番組または関連情報）を使って、新たなテレビ視聴を可能とするアプリケーションを、テレビ上やテレビに紐付けられたモバイル端末上で動作させるテレビ」を指す。要はテレビ番組と同期して、ネット経由で付加的に情報が提供されるシステムである。
　実際にNHKは2013年9月から、テレビ画面の中にインターネットからの情報を表示できるようになる「ハイブリッドキャスト」の試験放送を始めた。対応テレビの「dボタン」を押すと、画面下にハイブリッドキャストのホーム画面が半透明な状態でオーバーレイされる。当面はニュース・気象・スポーツ・為替などの詳細情報が提供されるが、サービスを進化させる予定だという。そして今後、放送中の番組に関連した情報や、NHKオンデマンドをはじめとするVOD動画、従来以上に視聴者が番組に参加できるサービス等も加える。さらに番組とタブレット端末などが連携するサービスも企画していく方向だという。

■ 生活者はどう反応するか？

　「4K／8K」の普及には、総務省検討会の「検討結果とりまとめ」でも慎重な表現をしている。「地デジ対応等の過程で既に2K対応のデジタル受信機やアンテナを購入した視聴者であって、新たに高精細・高機能な放送サービスを求めない者に対しては、そうした機器の買い替えなどの負担を強いることは避ける必要がある」と記されている。「4K／8K」は当面は地上デジタル放送では予定されていない。つまり付加的なサービスであり、あまねく普及は前提になっていない。
　画面のサイズから見ても、「4K／8K」は一部の視聴者しか対象にしていないことは明らかだ。現状では55型以上の大型テレビしか対応しておらず、店頭での最低価格も50万円前後となっている。既存のフルハイビジョン対応型なら、50型クラスでも3分の1程度で購入できる。ましてや40型以下ならインチ1000〜2000円程度の機種が量販店に並ぶ。大

多数の生活者が選ぶ機種が、すぐに「4K」になるとは考えにくい。

「次世代スマートテレビ」についても、総務省検討会の「検討結果とりまとめ」には留意すべき表現がある。「放送連動型アプリが対応すべき要求条件について、"視聴者の安全・安心の確保""オープンな開発環境整備"の二つの理念を原則とし」と、「スーパーハイビジョンに対応した次世代スマートテレビに実装」の2つだ。

前者は「緊急警報放送などを妨害しない」「望ましくない情報等の表示をさせない」ことへのこだわりが示されている。そしてアプリ開発は登録制とし、放送事業者が選択した企業にのみ、「放送番組の関連情報」等を提供するという。つまり放送局の判断が優先し、開発事業者はその範囲でサービス展開をする。ネットが、自由な発想で試行錯誤を繰り返す中で利用者の心を捉えてきたことを考えると、このやり方で画期的なサービスが登場するか否か、不透明と言わざるを得ない。

後者についても、総務省は「4K／8Kだけでは買い替え需要喚起は厳しい」とし、「スマートテレビとの融合で魅力を増す」としている。しかし55型以上の高価な4Kの需要は限られる。そこに家族全員ではなく、個人的なニーズを反映するスマートテレビの機能が加わっても、どれだけ魅力は増すだろうか。NHK放送文化研究所の調査によれば、テレビを見ながらネットをする人は若年層が中心で、中高年のニーズは高くない。しかもテレビ視聴中に若年が行うネットは、メールや他の情報の検索などが多く、番組についての情報検索は一部に限られるという。

「ネット躍進の前提となったテレビの課題」や「追えば逃げる視聴者の心」の項で触れたように、テレビ番組への興味は薄れ、ながら視聴の度合いは高まっている。「4K／8K」のような大艦巨砲主義や、テレビ番組に同期させるテレビ中心主義は、既にテレビ視聴の度合いが低くなってしまった視聴者の心にどれだけ届くだろうか。

再び総務省検討会の「検討結果とりまとめ」に戻ろう。「4K／8K」「スマートテレビ」の考え方では、「国際社会における映像文化発展を牽引して行くため」「テレビ受信機メーカー等放送関連産業の国際競争力

の強化を図るため」「我が国のICT産業の国際競争力強化を図る」等の文言が並ぶ。そして総務省は、「4K／8K」の経済波及効果がビジネス部門で7兆円近くに達し、経済の活性化に寄与すると見ている[7]。しかし視聴者側から見れば、「映像文化発展を牽引」や「国際競争力強化」のためにテレビを見るわけでも、番組関連情報サービスを楽しむわけでもない。一連の方針は、送り手側の都合・論理が目立ち、受け手側の立場に立った発想に欠ける点が気になる。

■ 今後あり得る映像情報の提供パターン

以上のように、総務省・放送業界・家電メーカーなどオールジャパンが目指す方向性は、必ずしも伝統的なテレビの見方から変わりつつある生活者の変化の方向性と合致していない。「4K／8K」が想定する視聴パターンは専念視聴型だが、この40年でそうした見方は比率を下げる一方だった。また端末はかなり高価で付加的サービスと位置づけられている以上、テレビ視聴全体には当分大きな影響を与えない。

また「スマートテレビ」についても、生活者の変化の方向性と合致していないように見える。テレビ、パソコン、ケータイと、生活者の関心が3m、30cm、0cmの端末へと移ってきた流れからすると、もう一度3mの端末に戻そうという動きである。情報の取得については、より個人的なデバイスで行う方向となっている以上、テレビに戻す方向がそれなりの説得力を持たない限り、その実現は容易ではないように見える。

既に述べたように、生活者の映像メディアへの向き合い方は、「オンデマンド」「ピンポイント」「インタラクティブ」という方向へ向かってきた。このことを前提にすると、「4K／8K」という端末開発や、「スマートテレビ」というシステム開発が十分な回答になっているようには見えない。映像情報に関わるサービスの流れから見ると、魅力的かつ説得力のある提案に見えないからである。

「オンデマンド」という点では、放送局のVODサービスが2008年から本格化している。以後5年このサービスは着実に伸びているが、残念な

がらテレビ局の収益の柱となるにはほど遠い。生活者の映像消費という意味でも、その割合は微々たるものに過ぎない。しかもネットを利用する際の端末が、PCからスマホへ重心を移しつつある現実と、既にデジタル録画機が75％の世帯に普及し、さらに大容量化とマルチチューナー化が進む現実を考慮すると、VODという番組をまるごと配信するサービスが今後も飛躍的に伸びるとは考えにくい。

「ピンポイント」というキーワードを考えてみよう。1990年代からザッピングが増加し、ながら視聴が過半となり、ダブルスクリーン視聴が蔓延している現実は、「ピンポイント」というキーワードと関係があるように筆者には見える。要はテレビ局が提供する番組という物語を、まるごと受け取らない視聴者が増えているのである。なぜなら視聴者の関心に、テレビ番組がピンポイントで答えていないからだ。

テレビ番組の制作者は、例えば60分の時間を使って一定量の情報を駆使した物語を伝えようとしている。しかし視聴者の中には、そのテーマ、切り口、論理展開に関心を持たない人もいる。内容が費やす番組尺と情報の価値が見合っていないと感ずることもある。そこで「ピンポイント」だ。1つの番組は、様々な情報の塊で構成されている。ところが全要素を制作者の物語通りに消費したいとは考えていない視聴者にとって、下手をするといずれの要素にも出会わずに終わってしまう可能性がある。

いっぽう各要素を数分のミニ動画にして、オンデマンドで配信したらどうだろうか。視聴者からすれば、そのテーマの情報消費の仕方について選択肢が増える。結果として、いずれかの要素に出会う人が増え、しかもそれが契機となって番組全体を視聴してもらえるかも知れない。場合によっては、各要素の編集の仕方や意味合いを番組本編と敢えて違うものにすることで、立体的な表現に進化する可能性もある。こうしたリメイクは大きなコストも不要なので、ハードではなくソフトの進化としてぜひ挑戦すべきものだと考えるがいかがだろうか。

もう1点、「インタラクティブ」というキーワードも重要だ。YouTubeやニコニコ動画がブレークしたのは、既存のテレビに欠ける双方向性を

うまく駆使したからだ。YouTubeでは、ミニ動画に感想や意見をつけ友人に送ることで、コミュニケーションを豊かにさせた。ニコニコ動画のミニ動画に弾幕を付ける行為は、従来のマスメディアの1対多の関係性を越え、新たなコミュニケーションを創造した。テレビ局の提示方法に、新たな視点を付与したのである。しかも自分も発信するという自己表現の場を獲得したのである。「テレビ＝お仕着せ、ネット＝自分たちのメディア」と若年層が受け止めたのも無理からぬ構造だったのである。

　放送が始まって60年、ひたすら最大公約数を追いかけてきたテレビは、生活者とのギャップを再認識すべきだろう。視聴者はいつも最大公約数という存在ではあり続けない。ミニコミュニティでのコミュニケーションを心地よいと感じ、そんな状況で自己表現を求める"個人"も少なくない。こうした時代の変化を正しく認識し、映像情報の提示の仕方を一段と進化させなければならない。ネットが普及し始めて20年。時代は明らかに、その方向に動き出しているのである。

〔注〕

(1) 「映像の世紀」VODを提供しているNODのHPから。http://www.nhk-ondemand.jp/program/P200800000100000/

(2) 総務省『平成24年版情報通信白書』p.241掲載の図表2-3-3-7より。

(3) 同p.243掲載の図表2-3-3-11より。

(4) 「テレビ60　1000人と考えるテレビミライ」(2013年2月1日夜10時〜)

(5) 新製品などの普及では、従来は普及率が16％を超えると大普及が始まるというマーケティング理論があった。ところがハイテクの世界では、16％に達してもそれ以上伸びないことが多い。この初期市場とメインストリーム市場との溝を「キャズム (chasm)」と呼ぶ。

(6) 博報堂メディア環境研究所「2009年、9つのオーディエンス・クラスター」

(7) 総務省『平成25年版 情報通信白書』p.139

第8章

メディアへの意識が変わる時代の構造

メッセージの受容を促進させるための新しい動き

■

林　秀一　はやし・しゅういち

広告会社勤務。外資系マーケティング、雑誌局企画業務推進、官公庁営業、2002 FIFA ワールドカップ組織委員会出向、CSR 環境推進等を担当。福島県白河市で地域物産の開発、熊本県宇城市で市未来デザインプロデュース等に従事。

本章の主張

　日本の広告費において、マス4媒体が伸び悩む中で、マスメディアは衰退していくという議論があるが、現状を見ると既存のメディアとネットが同時に活用されるケースも増えている。従来のメディアの特性とされていた部分の変容も進んでいる。

　ただ、広告は効かなくなったということは、近年根強くささやかれ、業界にとっては深刻である。この事態にどう対応するべきか。

　生活者は、情報の発信の役割を担うことが可能になっている。個人の情報を自分でコントロールすることができる時代、メディアサイドは今までと違ったビジネスモデルを作る必要があろう。

　ネットとマスメディアは、排斥し合うだけの関係ではない。テレビは、ソーシャルメディアと親和性が高いこともわかってきた。ツイッターをしながらドラマを見ている人もいる。生活者にメッセージを伝達させるためにも新たな手法が必要とされる。新しい時代のノウハウについて論じる。

第1節 メディアに対する生活者意識の変化

　娯楽の王者として、テレビの存在感は圧倒的であった。昔は、テレビで1日の行動を決めた。朝刊を開き、見たいテレビがあれば、その時間までに帰らなければならない。その瞬間の放送を見逃すと、一生見られないことになるから、必死である。

　『週刊テレビガイド』等のテレビ情報誌が発刊されることで事前に番組情報を把握することができるようになり、また、家庭用ビデオデッキの発売で、番組を録画することが可能になった。さらに、予約録画システムにより、放送時間にテレビの前に張り付くという制約からも解放されることになる。

　録画して見るという行動パターンが進むと、コマーシャルを飛ばして視聴する習慣の定着がテレビ業界を悩ませることになる。CMが見られなければ、スポンサーは広告を出さなくなってしまう。これでは、民放テレビのビジネスモデルが崩壊してしまう。それを防ぐために、各種の対策が考えられた。

■ 広告をスキップさせないために

　第1に、CM自体を面白くする工夫である。80年代には、CMを鑑賞の主体と位置づけ、楽しむ風潮が生まれた。糸井重里を筆頭とするコピーライターブームや雑誌『広告批評』の発行などもその動きを後押しした[1]。

　第2には、番組本編に商品を登場させる手法である。これは、目新しい手法ではなく、映画においては007シリーズに自社商品を登場させるために、スポンサーが資金を提供させたことが知られている。「マイノリティ・リポート」では、個人を識別して語りかける映像広告が描かれていた。現在の技術においてもデジタルサイネージの一部は、個人を識別する工夫をしている。性別やおおよその年代を判断し、その人向けの

映像メッセージを流す。「ターミネーター3」は、女性ターミネーターがトヨタのレクサスを奪うシーンで幕を開ける。トヨタのタンドラという車名も登場人物の会話に登場し、カーチェイスの場面を見せることで、頑丈なトラックというイメージを与えている（『フジサンケイビジネスアイ』2003年5月13日）。製品がさりげなく映画やテレビ番組に登場することは自然である。ただ、テレビ番組で各方面への配慮から現実に存在しない商品のラベルを小道具係が作って、画面に出すこともあるが、本来背景であるはずの一商品が不自然に目立ってしまう場合がある[2][3]。

第2節　広告界の現状と新しい動き

■ネット社会の中で、あふれる情報

広告は、信用されなくなっているといわれる。従来もメッセージのすべてが信頼感を持たれて受容されたわけではない。バブル崩壊により、

図1　インターネットの利用者数及び人口普及率の推移

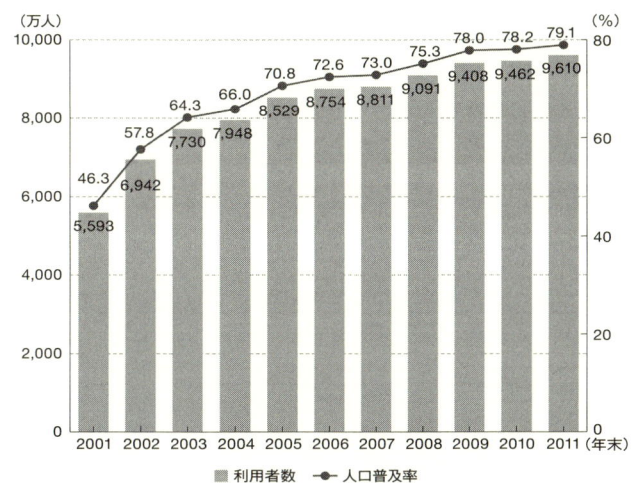

年末	利用者数（万人）	人口普及率（％）
2001	5,593	46.3
2002	6,942	57.8
2003	7,730	64.3
2004	7,948	66.0
2005	8,529	70.8
2006	8,754	72.6
2007	8,811	73.0
2008	9,091	75.3
2009	9,408	78.0
2010	9,462	78.2
2011	9,610	79.1

出典：総務省「平成23年通信利用動向調査」

マスメディア市場の伸びが鈍化している時代には、すでに広告のメッセージを割り引いて考える傾向もみられる。インターネットの普及により、能動的に情報の摂取が容易になった環境の変化は、その傾向に拍車をかけた（**図1**）。

日本では、携帯電話からのネット接続の比率が国際的にも高い傾向にあるが、近年は、スマートフォンやタブレット型端末からの接続が目立って増えてきている（**図2**）。インターネットのメディア価値が急増し、ネット広告費の伸びも続いている（**図3**）。

図2　インタネットへの接続方法

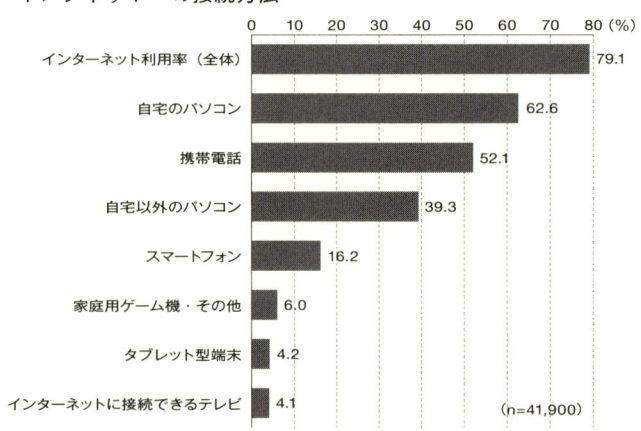

項目	割合(%)
インターネット利用率（全体）	79.1
自宅のパソコン	62.6
携帯電話	52.1
自宅以外のパソコン	39.3
スマートフォン	16.2
家庭用ゲーム機・その他	6.0
タブレット型端末	4.2
インターネットに接続できるテレビ	4.1

(n=41,900)

※当該端末を用いて平成23年の1年間に、インターネットを利用したことのある人の比率を示す。
出典：総務省「平成23年通信利用動向調査」

図3　インターネット広告費（媒体費ベース）の推移

（億円）

年	金額
2001	735
2002	845
2003	1,183
2004	1,814
2005	2,808
2006	3,630
2007	4,591
2008	5,373
2009	5,448
2010	6,077
2011	6,189

出典：電通「日本の広告費」（単位億円）

ネットの普及により年々情報流通量が急伸し、2005年度は2001年度比で113.8％であったのに対し、2006年度には前年比で114.0％、2007年度には同119.9％、2008年度には同119.5％というハイペースの伸びを記録してきた。
　ただ、情報の消費量に注目すると、2001年度から2009年度までの間での増加量は1.09倍と、ほぼ横ばいである。流通する情報の量は急増し続けているのに、消費される情報量は、それほど変化していない。発信情報が消費される割合が低下しているのであり、情報が伝達されることが難しい時代になってきている（**図4**）。
　ニールセンが広告の信頼性について、2013年に58カ国2万9000人以上のインターネット利用者について調査した結果をみると、「知人からの推奨」が最も高く84％。「オンラインのバナー広告」や「モバイルのテキスト広告」への信頼度は40％前後だが、過去の調査と比較すると上昇している。テレビ、雑誌、新聞の有料広告に対する信頼は減少傾向にある。
　以下、日本の数値をみると、「知人からの推奨」の信頼度は、世界平均より5ポイント低い79％。テレビ広告や新聞広告の信頼度は世界平均と同等だが、オンラインの各種広告への信頼度は世界平均より低い。オンライン広告に対する信頼は高まっているものの、未だに印刷媒体やテレビよりは低い。ただ、この調査の中で、オンラインに投稿された消費者の意見は61％、企業のウェブサイトは60％と相対的に高い数値を示している。

図4　情報流通量の推移

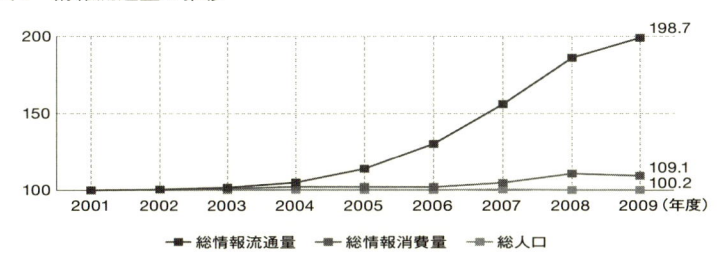

出典：総務省情報通信政策研究所調査研究部（情報通信インデックス）

■ 変わる広告キャンペーン体系

このような動きは、今までのマスメディア主導の広告キャンペーン体系を大きく変えた。2012年の日本の広告費総額は前年比3.2％増の5兆8913億円と推計される（電通広告統計2013年）。中でもインターネット広告は同7.7％増の8680億円と高い伸び率を示した。マスメディアにおける現在のシェアは、テレビに次ぐ位置にある（図5）。

企業の宣伝行為は、そのメッセージの信用度において、割り引いて考えられる傾向にある。基本的には、自社を、あるいは自社の商品をほめるだけだから、懐疑の目で見られてしまう側面がある[4]。

企業は、利潤を求めて活動を行うが、社会の中で活動している以上、生活者の支持なしでの存立は難しい。利潤のみを目的とした企業活動で、公害をまき散らす会社の存立は不可能であろう。

■ メッセージに感じる誠実さ

生活者は、広告に対して、無条件に信頼を寄せる時代ではなくなって

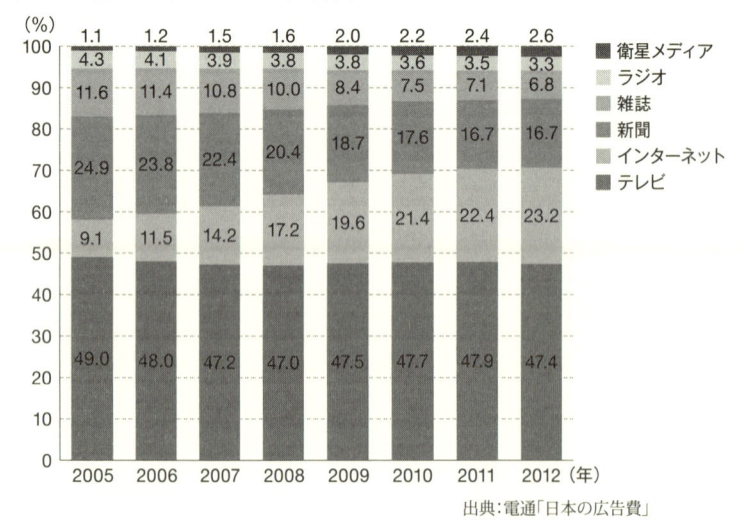

図5　主要メディアにおける広告費のシェア（売上比）

(%)	2005	2006	2007	2008	2009	2010	2011	2012 (年)
衛星メディア	1.1	1.2	1.5	1.6	2.0	2.4	2.4	2.6
ラジオ	4.3	4.1	3.9	3.8	3.8	3.6	3.5	3.3
雑誌	11.6	11.4	10.8	10.0	8.4	7.5	7.1	6.8
新聞	24.9	23.8	22.4	20.4	18.7	17.6	16.7	16.7
インターネット	9.1	11.5	14.2	17.2	19.6	21.4	22.4	23.2
テレビ	49.0	48.0	47.2	47.0	47.5	47.7	47.9	47.4

出典：電通「日本の広告費」

いる。うそとまでは言わないまでも、オーバーに表現しているのではないか、と考える。洗剤のCMにおける洗濯後の白さの表現に対して、最初から汚れていなかった服を映しているのではないかと疑念を持ったり、化粧品のCMできれいになって自信を付けるタレントを眺めて、もとからきれいな人をタレントに起用しているのだから、当たり前ではないかと醒めた目で見たりもする。今は、高度成長期のように、新発売の商品の効能を見て、素直に驚くことが難しい時代なのだといえる。

　かつて高級シャンプー市場で、トップにあったラックスは、ハリウッド女優やアメリカのトップシンガーを起用して、市場を席巻していた。ハリウッドトップスターへの憧れは、今の時代にもある。ただ、別の考え方も芽生えてきた。日本人の顔立ちは、欧米人とは大きく違う。金髪でもない。憧れはあるが、外見をまったく同じに見せることが難しいことは誰もが感じていた。そこに2003年花王アジエンスがアジアンビューティをコンセプトにして参入、中国系の女優チャン・ツィーを起用し、同じ東洋人で、髪の毛も黒く、レレバンス[5]を感じさせることに成功した。

　資生堂は、ターゲットをさらに明確に「日本の女性は、美しい」というキャッチフレーズで、TSUBAKIを発売し、シャンプー市場のトップシェアを奪った。これらは、素朴な美しいものへの憧れ、そこへ少しでも近づきたいという感覚から、自分を的確に見据え、自分ならではの美の到達を目指す方向への転換と見ることができる。

　この思考をさらに徹底させたものがユニリーバのダヴである。「真実だけを語っていく」という方針の下、プロのモデルを使わず、一般の女性を起用したリアルビューティ・キャンペーンを展開した。この種の手法は、健康食品のインフォーマーシャルでは見られるものであるが、洗顔石鹸では有名タレントを起用するのが当たりまえと思われた時代には稀有な手法であった[6]。

　このように真実らしさを描くこと、誠実さを感じさせることが広告においても求められるようになっているのである。このような時代は、口

コミが重視される。それは、家族や友人からもたらされる場合が多いが、自分が尊敬する人物からの情報である場合もある。また、タレントやスポーツ選手であることもありうる。その人物のブログやツイッターによる情報が、消費行動に影響を与える事例が増えつつある[7][8]。

第3節 「共有」感覚が求められる時代のメディア

■ メディアを取り巻く現状〜キーワードは「共有」

現在は、気分の共有がキーワードとして浮上している時代である。無理にモノを買い求める時代ではない。「断捨離」という言葉が象徴するように、むしろ身の回りのものを少なくしていこうという意識もある。例外的に、デジタルテレビ買い替えの際は、アナログ停波という、いわば「締め切り日」が設定されていたためにテレビが猛烈に売れたが、その後は売れ行きが激減している。

現在のマーケティングでは、消費者に共感を抱かせることを重視する。CM効果において、リーチのみに注目するだけでは、目的を達し切れなくなっている。大量のメッセージ発信だけでは、消費者の心を変えられないのである。声高なメッセージは、聞こえはするが聞き流されてしまう。広告の目的である消費者のパーセプションチェンジ（認識の変化）が実現できない。以前では、充分効いていたはずのマスメディアからの広告メッセージに、消費者が反応しにくくなっている。

現代は、消費者のニーズや好みが多様化しており、個別の対応が困難になっている。従来の消費者分析手法では、消費者をグループ別に分割して理解しようと努めてきた。しかし、そのグループが小さくならないうちは、充分に対応できたが、多様化が進むとそのすべてに対応するのは、経済的に非効率になる。

■ 消費者の行動心理

　消費者の行動心理を説明するために、AIDMAモデルがある。最初のA（アテンション：認知）の段階で、マスメディアを使用した広告を集中投下する。商品によっては、このモデルが適用しにくい商品（車や住宅等）もあったが、AIDMAモデルは、総じてよく活用されてきた。しかし、従来のマスメディア以外の情報ルートが知人からの口コミ等に限られていた時代から、インターネットが普及し、検索と他者との情報共有が消費者の選択行動に大きな影響を与える時代へ推移し、これを反映したAISASモデルが提唱された[9]。

　消費者は、ソーシャルメディアを活用することによって、今まで、きわめて限定的な範囲でしかなしえなかった情報の発信の役割を担うことが可能になっている。現代は、自分の情報を自分でコントロールすることが可能な時代なのである。

　このような環境下では、消費者インサイトの考え方が重要になってくる。インサイトとは、消費者の行動や思考の根底にある本音である。その感情や気持ちは、理屈ではない。自分でもうまく説明のできない好き嫌いの気持ちである。従来の消費者調査では、うまくすくい取れなかったあいまいなものでもある。この部分に切り込むことができれば、そして消費者のパーセプションチェンジに資することができれば、今後のコミュニケーションの行くべき道筋も見えてくる。そこにはマスメディアが今後、活力を取り戻していくことへのヒントもある。

　ネスレ日本のキットカットは、長らく"Have a break, have a Kit Kat"のフレーズで、広告を展開していた。ネスレでは、消費者を対象に、自分にとってのブレイクが何かを調査した。共通していたのは、心理的な解放感。この調査をもとに、ブレイクをストレスからの解放と定義した。主ターゲットの10代にとって、最大のストレスは、受験。九州の方言で、「キットカット」の発音が「きっと勝つと」に似ていることから、受験期に製品が売れる現象が以前から見られたという。この現象を捉え、ネ

スレでは、ホテルで桜の絵葉書とキットカットの配布を始める。また、キットカットに、手書きの応募メッセージを添えて郵送できるようにした商品「キットメール」を郵便局で販売するとともに、大学近くの商店街でタイアップイベントも開催した。これらのPR活動が、テレビや新聞等の記事を通じて広がっていった。最初は、CMを使わず、この話題を情報として徐々に広げていく手法を取ったのである。最初にCMを打つ手もあったわけであるが、その場合はCMで数多い駄じゃれとして捉えられ、このようなヒットにつながらなかった可能性もある。このキャンペーンの導入部で、CMではなく、戦略PRの手法を使って、共感をじわじわと広げることができた。そして、この手法が話題を呼んでから、「きっと願いがかなう」と主人公がつぶやくキットカットのCMを制作し、放送した。単なるマス広告では、自分とは関係のない美辞麗句のフレーズとして、スルーされてしまう。共感をどのように獲得するのか、その戦略の組み立てが重要である。

■ 共感を抱かせるまでのプロセスとアプローチ

顧客エンゲージメント[10]の考え方が注目されつつある。従来の広告モデルAIDMAでは、消費者をどう購買段階へ持っていくかという売り手発想であった。しかし、低成長時代に入り、物がすぐには売れにくくなっている現在、消費者との絆を重視し、それをいかに維持・強化するかを重視するようになってきた。

企業の継続的な発展を考える以上、1回だけ売り上げて利潤を上げることに成功しても、それを継続させることが大切だ。顧客との継続的な関係を築き、維持していくことで、買い替えの際に、また自社の商品を買ってもらえるようにする。その点で、アフターサービスは重要な顧客施策である。家屋や自動車は、高額な商品であり、生涯の中で、それほど買う経験が多いものではない。これらのメーカーのCMは、商品の販売促進のほかに、すでに製品を買ってくれた顧客の満足感醸成という目的も含まれる。それゆえに、親戚や友人に勧めてくれるという効果があ

る。また、彼らにリフォームの需要が生じたり、部品を買い足したいときには、競合他社に対して、大きな優位性を持つことになる。

また、アメリカの経営学者マイケル・ポーターが提唱したCSV（クリエーティング・シェアード・バリュー、共有価値の創造）が注目される。従来も、CSRという概念は浸透していたのだが、事業利益を使い社会貢献活動をするという考え方が主流だったので、利益が出なくなると活動が縮小されてしまう例があった。スイスのネスレは、零細農家が多いコーヒー豆農家を支援しながら高品質の豆を確保している。企業の社会等に対する貢献活動は、生活者から積極的な評価を受ける。効果的なコミュニケーション手法を採ることが企業イメージにも良い影響を与える。価格が同じであった場合はもちろん、多少価格は高くても貢献活動に積極的な企業の製品を選ぶ消費者が増えている。

■より積極的な生活者の巻き込み策

ソーシャルネットワークで製品やサービスを紹介してくれるファンを「アドボケイツ」「アンバサダー」と呼び、商品やブランドの応援団にしようと考える企業が米国で増えている。

ネスレ日本では、ネスカフェ・バリスタというコーヒーマシンを、無料貸し出しするという施策を実施した。その貸し出しには、職場にバリスタを設置すること等の条件が付されている。募集に応じ、この役割を担った人をネスレ日本では、アンバサダーと呼んだ。特典を用意し、アンバサダー同士が交遊するコミュニティサイトも作った。画像やコメントはSNSで拡散した。これらの活動で、製品への愛着がさらに深まる構造である。これらの施策は、そのプロセスにおいて、マスメディアの介在を必要としないシナリオもありうるだろう。日本よりも相対的にマスメディアへの信頼性が低いアメリカでは、その種の成功事例もあるようだ。ただ、日本では、新しく生じた動きをテレビCM等のマスメディアで告知し周知を広める施策が有効とみられ、マスメディアと組み合わされたプロモーションが多い。ネスレ日本もこのアンバサダー制をテレビ

CMで流している[11]。

ブロードバンド化の進展によって、回線容量が増加し、ネットはテキストと静止画主流の時代から、動画の流通も一般化した。携帯電話にカメラ機能が付加されたり、YouTubeやニコニコ動画へ一般ユーザーの投稿も増えてきた。

生活者の共感を重視する観点からは、彼ら自身の参加を促す手法が考えられる。それらをユーザー・ジェネレーテッド・コンテンツと呼んでいる。これは、ネットなどを活用してユーザー自身が内容を制作するものである。その典型的な事例が米国のオバマ大統領が初出馬した選挙戦でみられた。大統領選において、ウェブサイトやiPhoneアプリを活用して、小口寄付を多く集めたことがオバマ勝因の1つであったことはよく指摘される。その際に、オバマを熱烈に応援する草の根の支持者が応援CMを（依頼もないのに）勝手に作り、動画としてネットにアップする例が多くみられた。その中には評判を呼んで、多くの層に視聴されたものも少なくなく、オバマの支持層を拡大する役割を果たすことになった[12]。

■ 従来のメディアプランニング

日本では、2012年のネット広告費は約8650億円で、テレビ広告費約1兆7700億円の約半分である。アメリカでネット広告費がテレビ広告費に並んだ状態と比べると、その規模はまだ小さいが、今後も伸び続けることは確実である。

従来、企業の広告出稿におけるメディアプランニングは、費用に余裕がある場合においては、テレビへの出稿を中心に据え、新聞等他のメディアをサブ的に使用することが多かった。例えば、出稿費の割合をテレビ7割、新聞2割、雑誌・ラジオ1割と配分する。広告会社の組織構造上、媒体部門はそれぞれのメディア（新聞局は新聞、テレビ局はテレビ）を縦割りで担当し、営業局員が事案によって、使うメディアを選択することになっていた。クライアントとの対応作業で、多忙となりがちな営業担当が最新の新媒体事情を知悉、フォローすることは、従来も難

しい事情はあったが、インターネットの爆発的普及によって、その傾向はさらに顕著になった。現在のメディアプラニングで、ソーシャルメディアをまったく考慮しないことは極めてまれである。広告会社において、従来の縦割りメディア担当に加えて、すべてのメディアを対象にしてプランニングする統括メディアプランナーという職種を設置する例が多くなってきている。

　外資系のメディアプランニング会社が参入し、有料でサービスを請け負う動きが出て以降、科学的なプランニングが求められるようになってきた。これらのプランニング作業は、熟練媒体担当者の職人技とも呼ばれることもあったが、説明責任が要求される現況の下では、「経験則による勘で立案した」と言って、クライアントを納得させることは困難である。この作業は、以前は媒体出稿に伴うサービスとして、無料で行なわれることも多かったが、現在は有料で行われる場合が増えつつあり、この作業を専任で行う会社も国内に定着している。

■ メディアニュートラルの考え方

　メディアニュートラル[13]という言葉、概念が出てきたことで、代理店マンによる（サービスによる）従来の経験則による職人技的勘に頼るメディアプランニングを脱し、有料サービスへの道が開かれたといえる。

　メディアニュートラルの思考概念からすると、従来マスメディアの中心と考えられてきたテレビや新聞を広告メディアとして使うことが前提とはならない。まったくマスメディアを使用しない場合さえある。BMWの米国法人は、マスメディアをまったく使わず、オンライン・ショートフィルムのみで、キャンペーンを実施したことがある。これは大きな反響を呼んだ。ブロードバンド普及率が約10%程度の頃である。成功したのは、新しいマーケティング手法として積極的にPRしていったこと、有名な映画監督の起用や著名歌手マドンナの出演等を映画の予告キャンペーンのように積極的にPRしてきたこと等、大量のパブリシティ活動を行ったことによる。アクセス数の伸びを戦略的に広報することが、さ

らに大量のパブリシティの獲得につながった。このキャンペーンは大変注目され、似た展開を行う企業も現れた。しかし、すべての商品でこの手法が成り立つわけではない。車の購入者の大多数は、企業のホームページ等、オンライン上の情報をチェックする行動パターンを有している。低価格商品の場合に、同じ手法が自動的に成り立つわけではない。

■さまざまなツールのメディア化

　スピルバーグのSF映画「マイノリティ・リポート」では、2054年の未来世界の中で、トヨタレクサスが活躍する。この映画のためにデザインされた2054年モデルである。映画のスタッフがウェブのシミュレーションゲームの製作をも手がけ、映画を見た後にゲームでも同様の興奮を与えることを可能にさせた[14]。

　また、従来はメディアとして考えてこなかったツールをもメディアとして機能させる手法もある。企業・ブランドとの接点は、従来、マスメディアを中心に考えられてきたが、それ以外にも接点はある。店舗や従業員、ホームページもそうである。これらの接点をコンタクトポイントと呼ぶ[15]。今まで、企業は、これらの要素を統一的な視点でコントロールしてこなかった。

　エレベーターの中やエスカレーターの手すり等の活用もコンタクトポイントの創出である。ゴミ箱にバスケットボールのゴールを付けたナイキの屋外広告もこの範疇である。ゲーム感覚で楽しませながら、ごみを捨てる行動を誘発できる。従来は、メディアとして考えられなかったものがメディア化され、新たなコンタクトポイントとなる。官公庁も積極的に、それらの手法を活用している。東京・足立区では、あだちメッセ2012の広報ツールとして、会場付近の喫茶店にロゴ入りコースターを配布、あだちメッセ2013では箸袋を活用した。

　ビール・発泡酒の新製品キャンペーンでは、テレビCMが多く用いられるが、キリン極生は発売当初、テレビを使用せず、缶パッケージやダ

ンボールのデザイン自体に広告の役割を持たせた。他社の発泡酒よりも安い135円という価格のニュース性とコンビニの棚を意識したデザインを際立たせる工夫を行う。広告は新聞をメインに、首都圏は交通広告、地方はラジオ5秒CMの展開とした。広告の予算配分では、グラフィック広告の比重が大きく、印象的なデザインが強調された。ビール・発泡酒の新発売時にテレビCMを出稿しない例は、きわめて珍しい。テレビCMを出稿しないこと自体が企業からのメッセージともいえる。

■ スポーツのメディア価値とソーシャルメディア

　近年、ソーシャルメディアの普及は著しい。日本の広告費統計を見ても、他の費目の伸びが鈍化する中で、着実に伸長している。マスメディアの時代は終わったとの論調もある。若者層は、ネットの操作に忙しく、テレビを見る暇もない、と思われているかもしれない。しかし、実状は少々異なる。ネットを操作しながら、テレビを見ている例が多いのである。テレビは、ソーシャルメディアと親和性が高い。集中力を要すると思われるドラマでもツイッターをしながら見ている人たちが少なくない。周囲の人と一緒に盛り上がりたいのである。

　テレビ番組を録画した視聴者が再生する際に、CMを飛ばして見る行為は広告界にとって、大きな悩みである。現在のテレビ番組の視聴率が低下傾向にあることは、よく指摘されていることであるが、この場合の視聴率はリアルタイムの数値であり、録画してみる人を考慮に入れていない。ドラマなどは、録画してみる人が相当数いると思われ、視聴率にはその数値を含んでいない。これに対してスポーツ番組は、生で見ている人の割合が高いとされることから、広告需要は高い。東京オリンピックが2020年に開催されることもあり、総体的にスポーツ番組にとっては追い風である。

　米国のスーパーボウル中継は、例年1億人以上が視聴する一大イベントであり、30秒CMの平均価格は、2013年には380万ドル（約3億5000万円）と過去最高を記録した。

提供各社は、この大会のために力の入ったコマーシャルを流す[16]。単にインパクトを重視するのではなく、ソーシャルメディアによる拡散を意図している。2012年のCMでコカ・コーラは、キャラクターのポーラーベアを使ったゲームをネットで提供、多くの視聴者をひきつけた。スポーツ中継を見ながら、スマートフォンやタブレット端末も開いている人も多い。今の気分を他者ともシェアしたいのである。テレビコンテンツの中でもスポーツ中継は、もっともその気分に応えてくれる。日本においてもワールドカップを自宅で見ずに、スポーツバーで見て、他者と喜びを分かち合うことも同じ感覚である。

■ソーシャルメディアによるマーケティング手法の変革

　ソーシャルメディアが急激に普及し情報伝達が急激に早まったことで、マーケティング手法に大きな変革をもたらした。それを示す好例が2013年2月3日、米ルイジアナ州ニューオーリンズのメルセデス・ベンツ・スーパードームで行われた「スーパーボウル」で起こった。スタジアムが35分間停電し、試合が中断したのである。このタイミングで、オレオクッキーのツイッター公式アカウントが、"Power out? No problem"（停電？問題ないよ）。画像には、暗闇の中、スポットライトに照らされたオレオのクッキー。そこに"YOU CAN STILL DUNK IN THE DARK"（真っ暗でもダンクならできる）とツイートした。ダンクとは、点を入れることと、オレオを牛乳に浸すという意味をかけ合わせたものである。このツイートが素早く拡散し、大きなPR効果をもたらした。みんながイライラしたりしている時にこそ、ジョークが効果を生む。停電による試合の中断は、まさに観衆のイライラの頂点であった。この機会をとらえた絶妙の広告手法であった[17]。

　企業がソーシャルメディアを活用し、現在起こりつつある事象を活用して共感を呼びこむ手法をリアルタイムマーケティング呼んでいる。これに組織的に対応するためには、一般的なマニュアルでは対応が困難で、現場への大きな権限移譲と対応しうるための訓練（シミュレーション、

研修）が極めて重要である。オレオのソーシャルメディアチームの場合は、スーパーボウルの試合中、会社に管制センターをおいて戦況を見ながら待機していたという。特別なことがあれば、それに合わせた発信をする予定だった。チームにとっては、停電はブランドのコミュニケーション・チャンスであり、同席していたオレオの責任者の同意を取って、発信したのである。

　勝者やMVP選手の予想クイズなど、視聴者をインボルブした企画はこれまでも見られたが、ソーシャルメディアを活用して、話題の拡散をいかに図っていくかの仕掛けが今後、より強く求められよう。

　サッカーＪリーグでは、Ｊ３が2014年からスタートする。地元のスポーツチームの試合は、地域にとっては魅力的なコンテンツであるが、スポンサー獲得に困っているチームが多い[18]。

第4節　コミュニケーション環境の変化と今後のメディア

■ソーシャルメディアの普及

　ソーシャルメディアの普及が情報の伝達経路を変えている。それまでは、周囲の限定された情報以外は、マスメディアを介して伝わることが大部分であった。それは、人のマインド変化、行動の変化にもつながっている。以前は、企業から追いかけるアプローチのみだった。しかし、企業自身もメディアを持つ時代になっている。代表例が企業ホームページやフェイスブックである。従来も企業からの情報発信ツールがなかったわけではない。看板や社封筒なども企業からのメッセージ媒体である。80年代に流行したCIは、結局はシンボルマークの変更だけにとどまったと批判されることもあるが、普段は外部へのコミュニケーション資産として意識されてこなかった看板や社有車、ユニフォーム、名刺等を情報発信手段の資産として意識付ける契機となった[19]。

ただし、スペース上の制約などで、思うままにメッセージを表記しうるものが少なかった。パンフレットには、自由に企業メッセージを記載できるが、それを一般の生活者に渡す手段に乏しかった。これを望む人がいても営業所まで取りに来てもらうか、住所を聞いて郵送するしかない。企業ホームページは、アドレスを入力するか、企業名を検索することで、自由に閲覧することができる。多くの情報量も盛り込むことができ、動画を見せることも可能である。

この潮流は、政治の場をも変えつつある。下村健一は、著書の中でインターネットを活用して実施された自然エネルギーに関する「総理・有識者オープン懇談会」（2011年6月12日）の模様を官邸サイドで関わった立場から臨場感を持って記述しており、興味深い[20]。ツイッターで寄せられる質問に菅総理（当時）がその場で答えていく。国民生活に密接にかかわる問題に関して、国のトップに直接意見をあげられる機会は、なかなかなかった。ソーシャルメディアを活用することによって、一市民がインターネットの中継を見ながら即座にツイッターで、質問をすることができるようになったのである。今後、これをどう効果的に活用していくのかを考えなければならない。

■ **ネット時代のマスメディアのあり方**

ネットの普及によって、雑誌の売り上げが低迷した、とよく指摘される。その一面も確かにある。イベントや映画情報のチェックだけを目的に情報誌を見ていたのであれば、最新情報が常時更新されるネットに代替されてしまう。しかし、雑誌が優位性を持つ部分がある。編集ノウハウやセンス、デザイン力である。

『Pen』（阪急コミュニケーションズ）2004年2月15日号の特集は、「植草甚一のように、歩いてみたい。男の東京マップ」である。例年、4月の直前期には、進学・就職で上京する人たちへ向けて、東京情報を特集する雑誌が多くなる。単なる東京情報マップでは、他雑誌との差別化ができないし、場合によってはネット情報だけで済ませられてしまう可能

性もある。この編集視点・デザイン感覚がユニークであった。ここでいうデザインとは、単に見た目の取り繕いではない。ソリューションであり、斬新なフォーマットの開発でもある。ネットがなかった時代の情報と異なった提供の仕方が求められている。これに応えられなければ、ネットに分野を侵食されていくことになる。

『東洋経済オンライン』の佐々木紀彦編集長は、「一定のスペースにどう重要な論点、コメントを織り込めるかが腕の見せ所」で、「知力とセンスと経験が求められ」るとし、紙メディアの発想を「引き算」と表現する[21]。蓄積してきた編集ノウハウをうまく活用すれば、バックナンバーの売れゆきにもつながる。『週刊SPA』のツルシカズヒコ元編集長は、「ちょっと気になる水面下の動きを束ね、そこから機能的にある推論を提示していくという特集」を好むと述べている。「若者たちの生態」をヒントにしているとのことである[22]。

新聞もまた、単に情報の集積であるだけではない。各紙レイアウトのアイデンティティ、記事選択のセンス、過去の新聞アーカイブの構築・設計等がネット時代の中で、生き残る柱となるのではないか。紙面レイアウトのノウハウの蓄積は、新聞社の資産ともいえる。そのレイアウトになじんできた人々にとって、テキスト表示では、心理的に物足りなさが残る。紙面レイアウトのまま読めるレイアウトが可能なアプリがあり、重宝されている。

また、ネットでは、読まれている記事の人気ランキングが出る。これは非常に興味深いものであるが、これだけに拘束されることにも問題はある。ランキング上位に位置するのは、タレントを始めとする有名人のニュースなど軽くすぐ読めるものが多く、じっくりと考えなければならない社会の深刻な問題はあまり入ってこない。仕事や家事の合間にネットのニュース記事に接触する場合が多く、深刻な記事が求められている状況ではないからと推測される。

現代生活の中で、eメールの発信・返信や削除、携帯電話の発信・返信等、情報摂取活動はますます忙しく、じっくりと深く考えるべき問題

に関わる暇がなくなってきていることが新聞離れにもつながっている可能性がある。帰宅して夕刊を見る時間の捻出も難しくなってきている。自分の目の前のeメールや携帯への対応が優先される側面が目立つ。

第5節　マスメディアとネットの新たな役割

　現代において、ネットの存在感がますます増していることは事実であり、とくにソーシャルメディアの新しい動きは注目に値する。日本における広告費は、現段階ではテレビがネットの倍の規模であるが、ネットはまだ伸長していく余地が大きい。アメリカの例を参考にすると、やがてはテレビと同額規模になっていく可能性がある。

　これをもってマスメディアの退潮が叫ばれたりもする。だが、そう断じることは必ずしも正しくない。テレビを見ている人が同時に、ソーシャルメディアに触れるように、ともに接触の機会が増していく例が見られる。従来、ながら聴取のメディアとしては、ラジオがあげられていたが、テレビにもそのような側面があったのである。メディアの特性さえ変化（というよりも、新たにその特性が見出されたといえる）するのであれば、マスメディアとネットとの二者択一の議論ではなく、それぞれの新たな役割が見出せていくかもしれない。新聞の部数も減る傾向を見せているが、新聞の存在価値が失われているわけではない。ポータルページのニュースのほとんどは、新聞社がなくては存立しないものであり、このコンテンツ価値をどうするかという視点で検討する必要がある。

　（※肩書きは刊行、発言当時のもの）

〔注〕
(1)　広告を文化として捉える動きが生まれた。CMは、過去に放送されたYouTube等の動画視聴サービスでも人気コンテンツとなっている。登場し

ているタレントのファンである、昔のCMを見て懐かしがりたい等、理由はさまざまであろう。

(2) フジテレビのドラマであり、映画化もされた『踊る大捜査線』では、架空の製品・サービス（架空の運送会社カエル急便）が番組に登場するが、ドラマや映画のファンは、その設定をもまた面白がり、話題が膨らむという面白い側面も出てきている。

(3) 狙ったターゲットへの広告訴求は、どの企業にとっても大きな関心事であり続けている。テレビCMは、広い層に対してメッセージを到達させられるが、本来意図していない層にもその情報が届く。スポンサーは、その層に対する部分まで含めて放送料を負担しなければならない。イベントへの協賛は、自社商品に関心がある人を効率的に捉える有力な手法である。しかし、かつて化粧品メーカーが自社のターゲットとして若い女性層を想定して女子マラソン大会を協賛していたが、その中継番組の中心視聴者層が高齢者男性であったというデータが発表されたこともある。

(4) ボルボは、1990年5月17日付の日本経済新聞に、「私たちの製品は、公害と、騒音、廃棄物を生み出しています」というキャッチ・コピーで全面広告を出稿した。車が出す排気ガスによる問題への対応策は、長く続けられ、社会の中で活動する立場の自動車メーカー各社もこの問題に取り組んできた。これを無視しての経済一辺倒の企業活動では、生活者の支持を失い、継続的な企業活動が不可能になる。自動車メーカーも企業広告の中で、CSR的視点から公害防止技術の開発努力に触れてきた。この広告においても広告下部のボディコピーの箇所で、「現状で最もすぐれた、三元触媒を使った自動車用排気ガス浄化システムを世界で初めて市販車に採用したのはボルボでした」と書かれてはいる。従来の広告であれば、このポジティブな部分を強調するのが定石であろう。ネガティブと取られるキャッチコピーを大きく配した全ページの新聞広告出稿がなされたことは衝撃的であった。

トヨタは、1990年10月から始まった「ドリトル先生」の企業広告シリーズで、「クルマなんてなくてもいい、とある日思った」という自己否定かと

も思われる表現を冒頭に配し、「いい車ってなんだろう」と自動車会社と社会の関係を問い直すキャンペーンを始めた。これも環境を主題に、企業が社会の中でどうあるべきかを考えさせる広告であった。

(5) Relevance 〔当面の問題との〕関連(性)、適切さ、妥当性(『新英和中辞典』研究社)。マーケティング的には、この商品は、まさに自分のためのものだと感じたり、自分に結び付けて考えられることを指す。

(6) 読売ADリポート『オッホ』Vol8、No7、読売新聞社、2005年10月

(7) タレントの小泉今日子がラジオ番組の中で言及した本は、よく売れると一時期評判になったことがある。書籍の売り上げが伸び悩み、新聞の書評も効かなくなったと言われる中で、タレントが売り上げに影響力を及ぼす現象は注目された。ちなみに小泉は、読売新聞の書評子となっており、ユニークな書評を展開している。

(8) この口コミが仕組まれた広告手法であった際には、大きな反発を受ける。そのパーソナリティを信頼して、情報を尊重したのにもかかわらず、それが単なる経済行為としての広告であることは、生活者にとっては、心情的な裏切り行為と思われてしまうのである。

(9) AIDMAは、消費者が商品を購入するときのプロセスをモデル化した理論。消費者が商品をはじめて知り、購入にいたるまでのプロセスを「Attention (認知)」「Interest (関心)」「Desire (欲求)」「Memory (記憶)」「Action (行動)」の5つに分類した考え方。1920年代に米国のサミュエル・ローランド・ホール氏によって提唱された。AIDMAの考え方をインターネットが普及した現在風に改良したものがAISAS。1995年に電通が提唱。AISASでは、AIDMAの「Desire」と「Memory」を「Search (検索)」に置き換え、「Action」の後に「Share (共有)」を追加している。

(10) 元の語義は、婚約、関与、契約などの意味であるが、マーケティング用語としては、消費者がブランドとの良好な関係を構築すること。消費者とブランドとの絆。

(11) ロブ・フジェッタ (土方奈美訳)『アンバサダー・マーケティング』日経BP社、2013年

(12)『広告批評』334号「特集:オバマの広告力を参照」マドラ出版、2009年9月
(13) マーケティング戦略の目的に適合するように、どうメディアを組み合わせていくかを考慮するアプローチのこと。
(14) 田中双葉・小野彩『ライブマーケティング』東洋経済新報社、2003年
(15) コンタクトポイントとは、生活者がブランドに接触し、何らかの影響を与えうる機会のこと。
(16) アップルコンピュータが1984年のスーパーボウル用に制作したマッキントッシュの発売告知のCM「1984」は大反響を呼び、CM料金の高騰に拍車をかけた。『1984』のCMディレクターは、映画『エイリアン』や『ブレードランナー』『ブラックレイン』などを手がけたリドリー・スコット。ジョージ・オーウェルの小説『1984』をストーリーの下敷きとしている。
(17) この停電に敏感に反応できた他のスポンサーもある。洗剤メーカーのタイド (Tide)「We can't get your #blackout, but we can get your stains out.」(停電には対処できないけど、汚れならなんとかしてあげる)。ウイスキーブランドのジム・ビーム (Jim Beam)「In case you missed the memo… tonight's big game "power outage" was sponsored by Jim Beam Black.」(お忘れなきように…今夜の"停電"というビッグゲームは、ジム・ビーム・ブラックがスポンサードしました)

　日本国内におけるツイッターを活用したマーケティングでは、末広栄二氏が加ト吉勤務時に手がけた活動が先駆的である。うどんについてつぶやくユーザーを見つけてリプライしたり、「ありカトキチ」や「ご麺なさい」などのおやじギャグを発したりするなど、即興でありながらもユーモラスで、親しみやすい自由な内容が人気を呼んだ。2009年のNHK紅白歌合戦では、レミオロメンの大ヒット曲「粉雪」の熱唱がサビに達し、ツイッターに「こなぁぁぁぁゆきぃぃぃぃ」というつぶやきが殺到した機会をとらえ、「かとぉぉぉぉぉきちぃぃぃぃ」とつぶやいた。発信源は、加ト吉の公式企業アカウント「KATOKICHIcoltd」と異質だった意外性も相まって、このユーモアが絶賛を呼んだ。NHK「紅白歌合戦」は、録画をせずにリアルタイムで見る根強いファンが多く、番組を見ながらツイッターで盛り上が

ることができる点は、スポーツ番組と共通の側面がある。テレビの個人視聴傾向が進み、居間で、家族が1つの番組を見て、なごむことも少ない情景となりつつある。今は、ツイッターを介して、他人同士が番組でつながる状況もあるのだ。

(18) 日本においてはナショナルチームの人気が高く、視聴率が高いのも日本代表戦に限られる。地元チームの応援番組など、ファンの育成にも関っていくことができれば、スポーツ人気の底上げとなる。

(19) CIは、70年代に視覚的なイメージ統一の観点から、イトーヨーカドーや松屋等の成功事例があった。80年代に入り、好景気からＣＩがブームのように広がっていった。マークのデザイン作業が伴うことからデザイナー、企業理念開発を行うことからコンサルティング会社が作業を請け負うことが多かったが、これをコミュニケーション領域と捉えることで、広告会社が参入することとなり、多くの企業のCI作業を受注することにつながった。広告会社がＣＩの分野に新規参入したとの見方もされたが、担当領域をコミュニケーション分野と定義することで、自社のコア・コンピタンスに直結する分野と認識させることができた。新規分野への戦略的領域拡大の観点からも興味深い。

(20) 下村健一『首相官邸で働いて初めてわかったこと』朝日新書、2013年

(21) 佐々木紀彦『5年後、メディアは稼げるか』東洋経済新報社、2013年

(22) ツルシカズヒコ『「週刊SPA!」黄金伝説1988〜1995　おたくの時代を作った男』朝日新聞出版、2010年

【参考文献】

高広伯彦『次世代コミュニケーションプランニング』ソフトバンククリエイティブ、2012年

末広栄二『ツイッター部長のおそれいりこだし』日経BP社、2010年

第9章

メディアと社会はどう動いてきたか

1995年～2013年　激変の軌跡

∎

中田彰生（なかだ・あきお）

1946年東京都生まれ。早稲田大学政経学部卒。毎日新聞社で整理記者、メディア情報部デスク、情報調査部編集委員、法務室著作権担当など。2003～2005年早稲田大学大学院公共経営研究科客員教授、現在同大学メディア文化研究所招聘研究員。共著に『メディアの地域貢献』など。

　日本での「インターネット元年」と言われる1995年から、社会全体がネットで覆われるようになった2013年までのメディアをめぐる動きを年表にまとめた。この19年間の情報・通信技術の進歩はめざましい。通勤電車の中で、片手に収まる機器を使って動画を含む情報を自由にやり取りしている現在の日常風景を、95年の時点で想像できたのは、ごく限られた人ではないだろうか。

　年表という形にすると、どうしてもマスコミやネット企業の動きが大きな割合を占めてしまうが、本書の多くの論文でも述べられているように、だれでも情報の発信者になれるのがネット社会の特質でもある。

　「みんなが発信者」の世界で、狭義のメディアの大きな役割の一つであったジャーナリズムの将来像はどうなのか。マスメディアに代わって登場するメディアがその代役になるのか、あるいはジャーナリズムに代わる民主主義の担い手が現れるのだろうか。

【1995年】

○新聞社が相次いでホームページを開設してインターネットでのニュース提供を始める。またウインドウズ95が日本で発売され、日本におけるインターネット元年ともいわれる。

▼阪神淡路大震災発生（1月17日）。被災し制作不能となった神戸新聞は緊急援助協定を結んでいた京都新聞協力で休刊することなく災害状況を報道。
▼文藝春秋社発行の雑誌「マルコポーロ」1995年2月号（1月17日発売）に掲載されたナチスによるホロコーストを否定する論文に対して、海外のユダヤ人団体などから抗議。1月30日に同社は同誌廃刊と編集長解任を発表。田中健五社長も2月辞任。
▼3月に朝日新聞出版局が日本の新聞社初のホームページ「OPENDOORS」を開設。6月に読売新聞「YOMIURI ON-LINE」、8月に毎日新聞「JamJam」、朝日新聞「asahi.com」がスタート。
▼地下鉄サリン事件が発生（3月20日）。死者13人、負傷者約6000人を出した事件は、オウム真理教の犯行とわかり、幹部多数に続き麻原彰晃こと松本智津夫代表も逮捕（5月16日）。
▼地下鉄サリン事件を契機に、松本サリン事件（1994年6月27日発生）もオウムの犯行であることが明らかになる。第一通報者である河野義行さんを容疑者扱いした報道に対し、朝日新聞はじめ各社が謝罪・検証の記事を掲載。
▼NTT東日本・西日本がテレホーダイのサービス開始。定額料金でプロバイダーへのアクセスが可能となる（8月）。
▼日本でウインドウズ95発売（11月）。テレホーダイのサービスをあいまった家庭でのパソコン利用が広がる。

【1996年】

○携帯電話がブレーク、デジタルカメラも登場し、若者にはプリクラが人気を集める。

▼米国の電気通信法改革案が成立。長距離・地域電話事業の垣根の撤廃、CATV会社の電話事業への参入許可、マスメディア集中排除原則の緩和などが柱（2月）。

▼NHKがFM文字多重放送を首都圏、中京圏、阪神圏で開始（3月）＝2007年3月で終了。
▼TBSが、ワイドショーのスタッフがオウム真理教幹部に坂本弁護士のインタビュー・ビデオを見せたことを認める（3月）。
▼鎌倉市が記者クラブに記者室を提供するのをやめ、すべての報道機関に開放する「広報メディアセンター」開設（4月）。
▼国内初の商用検索サイトとして「Yahoo! JAPAN」のサービス開始（4月）。7月にはヤフー・ニュースがスタート。
▼ソフトバンクと豪ニューズ・コーポレーションの合弁会社がテレビ朝日株5000株余（21.4％）を買収し筆頭株主に（6月）＝朝日が97年4月に買い戻す。
▼BS放送のパーフェクTVが70チャンネルの有料放送を開始（10月）。
▼武蔵野三鷹ケーブルテレビが日本初のCATVインターネットサービスを開始（10月）。
▼在ペルー日本大使公邸が現地ゲリラにより占拠され、多数が人質に。ペルー軍の突入による解決まで4カ月。97年1月には、テレビ朝日のクルーが邸内に突撃取材し、取材のあり方をめぐり論議を呼ぶ（12月）。

【1997年】

○映画「もののけ姫」が大ヒット。コミック市場に衰退の兆し。

▼読売新聞社が有料の会員制インターネットサービス「YOMINET」を開始。新聞記事データベース、会議室、チャットなどのサービスを提供（1月）。
▼ビデオリサーチがピープルメーターによる個人視聴率調査を開始（4月）。
▼NHKおよび民放連により、放送と人権等権利に関する委員会機構（BRO）が設置（5月）。BROにより「放送と人権等権利に関する委員会」（BRC）が設置されて第1回会合（6月）。
▼地方テレビ局でCMの間引きを行い、未放送分のCM料金を受け取っていた不正取引が発覚（6月）。
▼改正著作権法が成立。有線・無線を含め著作物の公衆送信権という概念を導入し、インターネット時代に対応（6月）。
▼米連邦最高裁がネット上でわいせつ画像を流布することを禁じた通信品位法は、言論の自由を侵害するので違憲と判決（6月）。
▼政府・自民党は財政投融資と民間資金を利用した情報通信分野の経済対策を明らかにした。光ファイバー網の全国整備を当初目標の2010年から2005

年に前倒し（11月）。
▼BS放送のディレクTVが日本での放送開始（12月）。
▼新聞協会が記者クラブ新見解を発表（12月）。親睦機関から取材拠点へと位置づけを改める。

【1998年】

○和歌山の毒入りカレー事件（7月25日発生）などでの集中的過熱取材が問題に。

▼時事通信、ヤフーにニュース提供を開始（3月）。
▼BS放送のパーフェクTVとJスカイBが合併し、スカイパーフェクTVが発足。171チャンネル提供（5月）。
▼ニューヨーク・タイムズが月額35ドルの電子新聞購読料廃止（7月）。
▼北海タイムスが休刊（9月2日）。
▼郵政省の地上デジタル放送懇談会、地上放送のデジタル化を進め、2010年にアナログ放送の終了を提言（10月）。
▼出版社150社とハードメーカーが参加し、電子書籍の実証実験を目的にした「電子書籍コンソーシアム」発足（10月）。
▼国際電信電話（KDD）と日本高速通信が合併。新社名はケイディディ（KDD）に（12月）。

【1999年】

○NTTドコモがiモードのサービス開始、携帯電話の用途が広がる。テレビ朝日の「ダイオキシン報道」が波紋を広げる。

▼テレビ朝日の「ニュースステーション」で埼玉県所沢市の野菜から高濃度のダイオキシンが検出されたと報道（2月1日）。風評被害をめぐり、後に農家がテレビ朝日を訴える事態となる。
▼NTTドコモがiモードのサービスを開始（2月）。
▼NTTがAT&Tと業務提携。国際データ通信のネットワークの構築（4月）。
▼マイクロソフトとAT&TがCATV通信で提携発表（5月）。
▼改正著作権法が成立。「技術的保護手段」に関する規定の整備など（6月）。
▼郵政省が「ダイオキシン報道」でテレビ朝日を「厳重注意」（6月）。

▼NTT分社化。NTT東日本、NTT西日本とNTTコミュニケーションズに（7月）。
▼電子書籍コンソーシアムが書籍データ送信実験開始（7月）。
▼「ｉモード」加入者200万人突破。100万人突破まで半年近くかかったが、次の100万までは2カ月あまりで到達（10月）。
▼NTTがISDN回線を利用した完全定額制インターネット接続の試験サービス開始（11月1日）。
▼米連邦地裁がマイクロソフトは独占と認定（11月）。
▼松竹、ブロックブッキング（系列映画館への計画的配給）を解体し、大船撮影所売却を決定（10月）。

【2000年】

○東芝、松下電器が相次いで日本語ワープロ専用機から撤退。家庭でもパソコンの時代に。インターネット利用者が急増、年末にはNTTがブロードバンドサービスを本格化。新語・流行語大賞に「ＩＴ革命」が選ばれる。

▼スカイパーフェクTVとディレクTVが統合発表（3月）。
▼米国の衛星携帯電話事業者イリジウム社がサービスを停止（3月）。
▼郵政省が2000年3月末現在の移動体電話契約数が5685万件に達し、総人口に対する普及率が44.8％になったと発表。ISDNを除く固定電話の契約件数は5552万件で、移動体電話が追い抜く結果に（4月）。
▼森首相の「神の国」発言についての記者会見を前に首相官邸記者クラブの記者が、記者会見対策の「指南書」を作り側近に渡していたことが明るみに（5月）。
▼郵政省が99年末のインターネット利用人口が、98年より59.7％増の2700万人（携帯による利用約900万人も含む）に達したとする調査結果を発表（5月）。
▼日本新聞協会が1946年制定の旧・新聞倫理綱領に代わり21世紀へ向けての新聞倫理綱領を制定（6月）。
▼CATV国内最王手のジュピターテレコムが第2位のタイタスを子会社化と発表（6月）。
▼DDIがセルラーを合併、新会社をau（エーユー）に（7月）。
▼角川、講談社など出版大手8社が共同で電子書籍を販売する新サイト「電子文庫パブリ」を開設（9月）。
▼ディレクTVが放送終了（9月）。

▼DDI、KDDI、IDOが合併、株式会社KDDI発足（10月）。
▼日本経済新聞と全国各地の新聞14社が地域情報の共同サイトを開設（10月）。
▼米ナップスター社が音楽無料配信サービスの有料化でレコード会社と合意（10月）。
▼米アマゾン・ドット・コム（amazon.com）が日本語版サイトを開設（11月）。
▼BSデジタル放送開始。テレビ8局、データ放送7局、ラジオ23局（12月）。
▼携帯電話とPHSの普及率が6388万台で50.2％に（12月末）。2月8日の総務省発表によると移動電話の年間利用料金が30歳未満の世帯では6万8988円で固定電話の6万3930円を上回る。
▼「インターネット博覧会〜楽網楽座」（通称インパク）開始（12月31日）。

【2001年】

○カメラ付き携帯、GPS付き携帯が人気を集める。NTTが光フレッツサービスを開始、またYahoo！BBが低料金とモデムの無料配布でユーザーを拡大するなど、ブロードバンド化の波が訪れる。

▼朝日と日経が電子メディア事業で提携。「日経テレコン」に朝日の記事データベース提供など（1月発表）。
▼中央省庁再編で郵政省が総務省に（1月）。
▼ＩＴ基本法（高度情報通信ネットワーク社会形成基本法）施行（1月）。
▼米国連邦通信委員会（FCC）がAOLとタイム・ワーナーの合併を承認（1月）。
▼米ナップスター社に著作権侵害控訴審で無料音楽交換サービス停止の判決（2月）。
▼英文毎日（Mainichi Daily News）がネット配信に特化し、印刷形式での新聞を休刊（2月）。
▼米アマゾンコムが無料音楽配信サービスを開始（2月）。
▼産経新聞が電子新聞配信を発表（3月）。
▼東経110度BSデジタル放送用衛星の打ち上げに成功（3月）。
▼有線ブロードバンドネットワークスが光ファイバーを使った家庭向けのインターネット接続サービスを開始（3月）。
▼共同通信と新聞20社が新ニュースサイト「フラッシュ24」を開設（4月）。共同通信社のニュースを参加新聞社が自社サイトの一部として利用できるサービス。
▼田中康夫・長野県知事が「脱記者クラブ宣言」。記者室を閉鎖し、誰でも利

用できるプレスセンターに。会見は県の主催に（5月）。
- ▼文化放送が所有するフジテレビ株を売却。旺文社から自社株を購入（7月）。
- ▼NTTが光ファーバーで高速通信の本格サービス「Bフレッツ」を開始（8月）。
- ▼商用ブロードバンドサービス「Yahoo! BB」提供開始（9月）。
- ▼NTTが第三世代携帯電話FOMA発売（10月）。

【2002年】

○携帯の着メロがブームに。BSデジタル直接受信（CATV10万含む）が2002年末で200万突破（HNK発表）。

- ▼総務省がNHKのインターネット事業の在り方、子会社の業務範囲についての新ガイドライン案を発表。NHKによるネット事業実施を認める一方で、事業の膨張には一定の歯止めに（2月）
- ▼総務省はデジタル放送事業者に対し、番組の不正コピーを防止するため、放送電波にコピー完全防止や1回しかコピーできないようにする信号を乗せることを認める方針を決定（3月）。
- ▼エイベックスが国内で初めて複製防止機能のついた音楽CD（CCCD）を採用（3月）。他社も追随。
- ▼東京地裁はインターネットの「掲示板」に書き込まれたホテル情報を無断で本に転載した出版社に対し、著作権侵害として投稿者への損害と出版禁止を命じる判決（4月）。
- ▼政府のIT戦略本部が、「e‐Japan重点計画」の内容を見直した「新重点計画」案を公表（5月）。通信の高速・大容量（ブロードバンド）化に合わせ、映像や音楽の著作権保護強化や、通信の許認可制度の規制緩和に力点。
- ▼実演家の権利を保護するためのWIPO実演・レコード条約（WPPT）が発効（5月）。
- ▼日本音楽著作権協会（JASRAC）が、携帯電話の着信メロディーにからむ著作権使用料の2001年度の徴収額は、前年度の約3倍の38億円に達したと発表（5月）。
- ▼総務省は、番組を暗号化して送るスクランブル放送を、BSデジタルなどの無料放送でも認めることを決める（6月）。
- ▼政府の知的財産戦略会議が技術や作品を特許や著作権などで保護・活用し、産業競争力を強めるための行動計画「知的財産戦略大綱」を正式決定、首相に提出（7月）。

▼KDDI（au）は、着信音にボーカル入りの原曲を使える「着うた」サービスを12月上旬から始めると発表（11月）。
▼ソニー・ミュージックエンタテインメント（SMEJ）は、違法コピー防止の新技術を搭載した音楽CD「レーベルゲートCD」を2003年1月から発売すると発表（11月）。

【2003年】

○12月に三大都市圏で地上波デジタル放送がスタート。報道・表現の自由との関係が懸念された個人情報保護法が成立。

▼婦人生活社が自己破産（1月）。
▼幻冬舎がジャスダックに上場。初値201万円。（1月）＝2011年3月16日上場廃止。
▼市民記者制度を導入したインターネット新聞「JANJAN」（日本インターネット新聞社運営）創刊（2月）。
▼政府が特許や著作権など知的財産を経済活性化に生かすための総合戦略を協議する「知的財産戦略本部」を設置（3月）。
▼ソニーがブルーレイ・ディスク録画機を世界初の商品化、4月10日発売と発表（3月）。
▼豪ニューズ社が、米衛星放送最大手のヒューズ・エレクトロニクス（ディレクTV）をGMから買収することで合意（4月）。
▼NYタイムズが、ジェーン・ブレア元記者の捏造・盗用記事は36本と発表。「152年で最悪」と読者に謝罪（5月）。
▼日本新聞協会が政府の裁判員制度たたき台について、「憲法で保障された『表現の自由』が実質的に制限される」と見直しを求める見解（5月）。
▼個人情報保護法が成立（5月）。
▼日刊工業新聞が、りそな銀行などに金融支援を要請し、社長・会長は退任の方向であることが明らかに（5月）。
▼通信事業者の規制緩和策などをまとめた電気通信事業法とNTT法の改正案が成立（7月）。
▼電子書籍市場の開拓などを目的とした「電子書籍ビジネスコンソーアム」設立。松下電器、東芝など電子メーカー、勁草書房など出版社、イーブックイニシアティブジャパンが参加（10月）。
▼講談社、新潮社、読売新聞グループ本社など新聞・出版14社とソニーが、

電子本を配信する新会社「パブリッシングリンク」を設立（11月）。
▼NHKと民放連が、デジタル放送番組の著作権保護のため、2004年4月から「B-CASカード」によるコピー制御方式を導入することを発表（11月）。
▼日本での地上波デジタル放送が三大都市圏で開始（12月1日）＝2011年7月24日、東日本大震災被災3県を除きアナログ停波。
▼EUが日本政府に対して記者クラブ制度廃止を求めている問題で、日本新聞協会は、「歴史的背景から生まれた記者クラブ制度は、現在も『知る権利』の代行機関として十分に機能しており、廃止する必要は全くない」との見解を公表（12月）。

【2004年】

○ファイル交換ソフトによる著作権侵害など違法コンテンツの流通や、個人情報流出などが社会問題化する中で、ファイル交換ソフトWinnyの開発者が警察に逮捕される（2011年に最高裁で無罪確定）。

▼フェイスブックがアメリカの学生向けにサービスを開始（1月）＝2006年から一般にも公開。
▼社団法人「コンピュータソフトウェア著作権協会」のホームページからサーバーに侵入し、約1200人分の個人情報を不正に入手したほか、不正アクセスの方法などを公開したとして、警視庁などが京都大学研究員を不正アクセス禁止法違反と威力業務妨害の疑いで逮捕（2月）。
▼テレビ朝日は、自民党が「たけしのTVタックル」など同局の番組に抗議している問題で「番組編集に誤りがあった」として、常務取締役編成制作局長を減俸3％（1カ月）とするなど関係者7人を処分（2月）。
▼月刊誌「噂の真相」が、3月10日発売の4月号を最後に休刊。発行人で編集長の岡留安則氏は「名誉棄損訴訟の賠償額が高額化し、スキャンダル報道が成り立たなくなった」としている。
▼田中真紀子・前外相長女のプライバシー問題で、東京地裁が記事を掲載した「週刊文春」出版禁止の仮処分命令。公共図書館が記事の閲覧を制限する動きも起こる（3月）。
▼デジタル放送時代の著作権保護のためのB-CASカードによるコピー制御が、BSデジタル放送と地上デジタル放送で導入（4月）。
▼パソコンのファイル交換ソフト「Winny（ウィニー）」を開発し著作権のある映画やゲームソフトなどの違法コピーを手助けしたとして、京都府警は、

著作権法違反ほう助容疑で東京大助手を逮捕（5月）。
▼テレビ朝日「ニュースステーション」で野菜がダイオキシンに汚染されていると報道され風評被害にあったと所沢市の農家がテレビ朝日を訴えていた訴訟が、差し戻し後の東京高裁で和解。テレビ朝日が1000万円を支払い謝罪（6月）。
▼ライブドアが、ポータルサイト内の「ライブドアニュース」で、11月から報道部門を設け、独自ニュースの提供を始めると発表（8月）。
▼読売新聞グループ本社が、東京、大阪両本社を含む3社が実質保有する系列のテレビ局やラジオ局など計12社（いずれも非上場）の株式について、総務省の省令で定められた保有制限を超えていることを明らかにする（11月）＝その後、新聞、民放各社の第三者名義株が相次いで判明。

【2005年】

○ブログがブームになり、流行語大賞のトップテンに。インターネット掲示板から生まれ、2004年10月に刊行された小説「電車男」が100万部突破のベストセラーに。映画、テレビドラマもヒット。

▼朝日新聞が、2001年にNHKで放送された従軍慰安婦などをめぐる模擬法廷に関する番組で、大物政治家の圧力があったと報道（1月）＝NHKは朝日新聞社へ公開質問状を出し、同社は2月に回答。
▼国立公文書館の歴史公文書をインターネットで閲覧できる「デジタルアーカイブ（電子資料館）」の運用開始（4月）。
▼米国のニュースサイト「ハフィントン・ポスト」がスタート（5月）。
▼ウォーターゲート事件で、疑惑をスクープしたワシントン・ポスト紙の秘密の情報源「ディープスロート」が、当時の米連邦捜査局（FBI）副長官マーク・フェルト氏だったことが約30年ぶりに明らかになる（5月）。
▼米ホワイトハウス高官がCIA情報員の名前をメディアに漏らしたとされる疑惑で、ワシントンの連邦地裁は情報源の秘匿を理由に大陪審での証言を拒んだニューヨーク・タイムズ紙のジュディス・ミラー記者に「法廷侮辱」に当たるとして最長4カ月の収監を言い渡し、同記者は即日、収監される（7月）＝約3か月後に釈放。
▼NHKの特集番組について「政治介入があった」と報じた記事をめぐって取材資料が社外に流出した問題で、朝日新聞社は流出経路の解明はできなかったとしつつ社内処分を発表。一連の報道については、第三者委員会が

「真実と信じた相当の理由があるが、取材は十分ではなかった」とする報告をまとめる（8月）。
▼産経新聞社がインターネット向けの電子新聞サービス"産経NetView"を開始。購読料は月額315円。2005年3月にサービスを休止した電子新聞サービス"ニュースビュウ"の後継となる新サービス（10月）。
▼インターネット向けに配信した記事の見出しを無断で使用され著作権を侵害されたとして、読売新聞東京本社がネットニュース配信会社に見出しの使用差し止めと損害賠償を求めた訴訟で、知的財産高裁は請求を棄却した一審判決を変更、見出しの無断使用を不法行為と認め、約23万円の支払いを命じる（10月）。
▼警察庁の記者会見に出席させないのは報道の自由の侵害だとして、フリージャーナリストらが国と警察庁記者クラブ、同クラブ加盟の報道機関15社に対し、記者会見への参加を妨害しないよう求めた仮処分を東京地裁が却下（11月）＝12月、東京高裁も抗告棄却。
▼USAトゥデーが、新聞編集部門とオンライン版編集部門を順次統合すると発表。大手紙ではニューヨーク・タイムズ紙に続き2紙目（12月）。

【2006年】

○ソーシャル・ネットワークのミクシーが若者を中心に人気を集める。

▼北海道新聞社2005年3月13日付朝刊で、北海道警察と函館税関が「泳がせ捜査」に失敗し、大量の覚せい剤と大麻が道内に流入した疑いがあると報じた記事について、同社は「記事の書き方や見出し、裏付け要素に不十分な点があり、全体として誤った印象を与える不適切な記事と判断しました」とする「おわび」を掲載（1月）。
▼裁判所が記者クラブ加盟社だけに傍聴席などを提供するのは法の下の平等に反して違憲だとして、ジャーナリストが国に損害賠償を求めた訴訟で、東京地裁が請求を棄却する判決（1月）。
▼東京地裁が、米国企業の日本法人が所得隠しをしたとする読売新聞の記事をめぐり、記者が民事裁判の尋問で、取材源が国税当局の職員だったかどうかに関する証言を拒否したことについて「正当な理由がない」とする決定。「当局職員が情報源の場合、国家公務員法に違反して情報を漏らした可能性が強い」と強調（3月）＝6月、東京高裁が東京地裁決定を取り消し、証言拒否を全面的に認める決定。

▼インターネット新聞「オーマイニュース」日本版が創刊。ソフトバンクと、韓国オーマイニュース社との合弁企業が運営。初代編集長はジャーナリストの鳥越俊太郎氏（8月）。
▼英国ロンドンで、8月に「ロンドン・ライト」、9月に「ザ・ロンドン・ペーパー」の無料夕刊紙2紙が相次ぎ創刊。ともに大手新聞・メディア企業が発行。
▼新聞の創刊にあたって発行を妨害されたとして、函館新聞社が、北海道新聞社を相手取り、損害賠償を求めた訴訟は東京地裁で和解が成立。両社によると、和解条項は、①道新が函新に和解金として2億2000万円を払う、②東京高裁で係争中の別の損害賠償訴訟を函新が取り下げる——などの内容（10月）。
▼菅義偉総務相がNHKに対し、短波ラジオ国際放送で拉致問題を重点的に放送するよう命令。日本新聞協会は、「報道・放送の自由の観点から看過できない」との談話を発表（11月）。

【2007年】

○動画共有サイト「ニコニコ動画」がサービス開始し、また米国のYouTubeも日本語に対応するなど、個人による情報発信が動画にも広がる。

▼動画共有サイト「ニコニコ動画」がサービス開始（1月）。
▼関西テレビ放送が、1月7日放送の「発掘!あるある大事典Ⅱ」で放送した納豆ダイエットの内容で治験データの捏造や画像の人物とは異なる識者のコメントを放送するなどの行為があったことを記者会見で発表。番組は打ち切りを発表（1月）＝日本民間放送連盟が4月に関西テレビ放送を除名処分。
▼NHKの番組が放送直前に改編されたとして、取材を受けた市民団体と共同代表がNHKなどを相手に損害賠償を求めた訴訟で、東京高裁は「NHKは、番組制作担当者の制作方針を離れてまで、国会議員などの発言を必要以上に忖度し、あたりさわりのないように番組を改編した」と指摘。NHKは変更について市民団体側に説明する義務があったのにしなかったとして、NHKに200万円の賠償を命じる（1月）。
▼読売新聞が2005年5月に報じた中国潜水艦事故の記事をめぐり、防衛省情報本部の1等空佐（49）が読売新聞東京本社政治部記者（当時）に機密情報を漏らしたとして、内部捜査機関である陸上自衛隊警務隊が1佐から事情聴取していることが分かる（2月）。

▼米国の動画共有サイト、YouTubeが日本語に対応したサービスを開始（6月）。
▼慶応大が、米グーグル社と連携して、著作権保護期間の切れた蔵書12万冊をデジタル化し、ネット上で無料公開すると発表（7月）。
▼総務省が、デジタル放送のテレビ番組のDVDへのコピーを1回に制限している現行規制を緩和し、最大10回まで複製できるようにする案をまとめる（7月）。
▼ルパート・マードック氏率いる米ニューズ・コーポレーション社が、米経済紙ウォールストリート・ジャーナル（WSJ）を発行する米ダウ・ジョーンズを傘下に収める（7月）＝12月、DJの株主総会で承認。
▼奈良県田原本町の医師宅放火殺人事件で容疑者の少年の精神鑑定した精神科医を、奈良地検が刑法の秘密漏示容疑で逮捕。調書などを引用した著書を出版した草薙厚子氏に精神鑑定資料を不当に閲覧させた容疑（10月）。

【2008年】

○アップルの「iPhone 3G」が日本でも発売され、人気を得る。スマートフォン普及のきっかけとなる。

▼米グーグルが運営する世界最大の動画共有サイト「YouTube（ユーチューブ）」は楽曲の著作権管理で国内最大手の日本音楽著作権協会（JASRAC）と、楽曲利用に関する包括契約を結んだと発表（3月）。
▼ツイッターの日本語版サービス始まる（4月）。
▼警察庁が、硫化水素を自殺目的で発生させる方法を紹介したインターネット上の書き込みを「有害情報」に指定、プロバイダーなどに削除を要請することを決め、全国の警察に通知（4月）。
▼フェイスブックの創始者マーク・ザッカーバーグ氏が来日し講演、その場で日本語版を一般公開（5月）。
▼秋葉原殺傷事件発生。一般人が携帯電話で撮影し赤外線通信などで広がった容疑者の身柄確保の写真を報道各社が使用。IT時代の報道のあり方に一石を投じる（6月）。
▼第三世代携帯電話に対応のアップル「iPhone 3G」が日本でもソフトバンクモバイルから発売される（7月）。
▼山口県光市母子殺害事件をめぐり被告の元少年を実名で表記した増田美智子氏のルポルタージュ本が発売（10月）。
▼「YouTube」が、楽曲の著作権管理で国内最大手の日本音楽著作権協会（J

ASRAC）と、楽曲利用に関する包括契約を結んだと発表（10月23日）。
- ▼米名門紙クリスチャン・サイエンス・モニターが、部数減による経営難により2009年4月から週刊紙に移行し、購読者には電子メールで毎日ニュースを提供すると発表（10月）。
- ▼NHKがオンデマンド放送スタート（12月）＝フジテレビは11月から連続ドラマ「セレブと貧乏太郎」、バラエティー番組「爆笑レッドカーペット」をパソコン、NTTドコモの携帯電話で有料でサービス。

【2009年】

○裁判員制度が5月から実施。これを前に、08年1月に日本新聞協会が取材・報道指針を発表。新聞各社も08年から09年にかけてそれぞれ報道ガイドラインを策定。

- ▼サルコジ仏大統領が、若者の新聞離れ防止と、経営難の続く仏メディア支援策の一環として、選挙権を得て成人となる18歳の若者すべてに1年間、日刊紙を無料配達する政策を発表（1月）。
- ▼裁判員制度が5月に始まるのを前に、日本新聞協会が、「裁判員となるみなさんへ」と題する文書を発表。制度の定着と検証のため、「記者会見による取材に協力していただけるようお願いします」と呼びかけ（2月）。
- ▼日本テレビの報道番組「真相報道バンキシャ！」が虚偽の証言に基づき岐阜県庁の裏金作りを報じた問題で、日テレは同番組の中で、久保伸太郎前社長が引責辞任したことを伝え、謝罪（3月）。
- ▼06年に起きた奈良県田原本町の医師宅放火殺人事件をめぐり、刑法の秘密漏示罪に問われた精神科医に対し、奈良地裁は、懲役4カ月、執行猶予3年（求刑懲役6カ月）の判決（4月）。
- ▼オーマイニュース（日本版）がサイトを閉鎖。06年8月に創刊、08年9月から「オーマイライフ」として継続していた（4月）。
- ▼筑摩書房、河出書房新社、平凡社など出版8社は委託販売制に代わる書店との共同責任販売制「35ブックス」をスタートさせたと発表（7月）。一部の書籍については通常22〜23％の書店利益を35％に拡大する一方、返品の際は書店に定価の35％の引き取り料金を求める。
- ▼日本新聞協会メディア開発委員会が、総務省の検討委員会がまとめた新たな通信・放送法制に関する答申案についての意見書を同省に提出。ソフト事業者を審査・認定する際などに言論・表現の自由が損なわれることがな

いよう制度整備に当たっては関係事業者の意見を尊重しつつ、慎重に進めるべきだ」と指摘（7月）。
▼毎日新聞の英文サイトが、アマゾンの電子書籍端末キンドル向けに「毎日デイリーニューズ」記事の有料配信を開始。日本の新聞社としては初めて（10月）。
▼朝日新聞社と中日新聞社が、新聞印刷を相互に委託しあう提携に基本合意したと発表（10月）。
▼グーグルが、ネットで電子書籍をダウンロード販売する「グーグル・エディション」を2010年前半に発足させることを明らかにする（10月）。
▼放送倫理・番組向上機構（BPO）の放送倫理検証委員会が、過剰な性表現や暴力シーンなどで視聴者から批判の多い民放のバラエティー番組全般について、現在の民放連の放送基準とは別の指針を新たに作るよう、民放連に提言する意見書をまとめる（10月）。
▼リクルートが女性向け無料週刊誌「L25」を月刊化（11月）。男性向けの「R25」は10月から隔週発行に変更済み。
▼毎日新聞社、社団法人共同通信社、共同通信加盟社（56社）が包括提携することで合意（11月）＝毎日は2010年4月、57年ぶりに共同通信に再加盟。
▼首都圏を中心に夕刊紙「REAL SPORTS（リアルスポーツ）」を発行する内外タイムス社が、東京地裁に自己破産を申請（11月）。同紙は12月1日発行の12月2日付から休刊。
▼富山県の地方紙・北日本新聞社が夕刊を休刊（12月）。

【2010年】

○内部告発サイト、ウィキリークスが、4月にイラク駐留米軍ヘリによる市民・記者銃撃動画、7月にイラク戦争関係米秘密文書を公開したのに続き、11月には欧米有力新聞・雑誌と連携して米国務省秘密文書の公開を開始。

▼「雑誌コンテンツデジタル推進コンソーシアム」実証実験が始まる（1月）。
▼米グーグルが、中国国内からサイバー攻撃を受けたことを明らかにするとともに、同社の検索表示に対して中国政府が行ってきた検閲の廃止を目指し、「中国政府と交渉する」と表明（1月）。
▼朝日新聞が、和歌山県南部を中心に夕刊紙を発行している紀伊民報と、記事などの配信を受ける業務提携に合意し、契約を結ぶ（1月）。
▼米ニューヨーク・タイムズが、同社のホームページで閲覧できるインター

ネット上の記事を2011年初めから一部有料化すると発表（1月）。
- ▼米グーグル社の書籍デジタル化問題について、日本ペンクラブが、日本の書籍データの廃棄などを求める意見書をニューヨーク連邦地裁に提出すると発表（1月）。
- ▼米アップルが、新型の多機能情報端末「iPad（アイパッド）」を公開し、電子書籍事業への参入を発表（1月）。
- ▼米アマゾンが、出版大手の英マクミランの要求に応じ、原則9.99ドルだった電子書籍の価格を一部12.99〜14.99ドルに引き上げると発表（1月）。
- ▼講談社、小学館など主要出版社が、一般社団法人日本電子書籍出版社協会を設立（2月）。
- ▼「ニコニコ動画」で、「朝までニコニコ生激論」と題する生放送の討論番組（司会進行は批評家の東浩紀氏）が放送される（2月）。
- ▼電通が発表した2009年の「日本の広告費」によると、初めてインターネット広告が新聞を上回る（2月）。
- ▼在京、在阪の大手民放ラジオ局13社が、ラジオ番組をインターネットに同時に送信する新サービス「RADIKO」を開始（3月）。
- ▼最高裁が、ネット上の書き込みなら名誉棄損罪成立の判断が緩やかになるかどうかについて「個人利用者によるネット上の表現行為でも成立判断は緩やかにはならない」とする初判断を示す（3月）。
- ▼米グーグルが、中国語のネット検索サービスの拠点を中国本土から香港に移し、自主検閲なしの中国語版検索サービスを香港経由で提供すると発表（3月）。
- ▼日本経済新聞社が、本格的な有料電子新聞「日経電子版」を創刊（3月）。
- ▼英高級紙インディペンデントが、ロシアの富豪アレクサンドル・レベジェフ氏に1ポンドで買収されること合意したと発表（3月）。
- ▼朝日新聞社が、大分・佐賀両県で発行している夕刊を廃止（3月）。
- ▼インターネット新聞「JANJAN」が休刊。
- ▼内部告発サイト、ウィキリークスが、イラク駐留米軍ヘリコプターによるイラク市民およびロイター記者への銃撃事件の動画を公表（4月）。
- ▼沖縄返還（1972年）に伴う日米政府間の密約文書を公開しないのは不当として、元毎日新聞記者の西山太吉氏ら25人が国に文書開示などを求めていた裁判で、東京地裁が、文書開示を命じる原告勝訴の判決（4月）。＝2011年9月、東京高裁が逆転判決。
- ▼ピュリツァー賞の調査報道部門で、インターネットなどで記事を発表している非営利の報道機関「プロパブリカ」のシェリ・フィント記者が受賞。

ネットメディアの受賞は初めて（4月）。
▼朝日新聞社が、新聞や雑誌などから選んだ多彩な読み物が購入できる有料デジタルサービス「Astand（エースタンド）」を本格オープン。ニュース解説や特集記事をまとめた「WEB新書」を創刊（4月20日）。
▼「電子文庫パブリ」を運営する日本電子書籍出版社協会が、米アップルの多機能携帯電話「iPhone（アイフォーン）」などで電子書籍を閲覧できるアプリケーションを、6月から無料提供すると発表（5月）。
▼ソフトバンクグループのコンテンツ配信会社「ビューン」が、「iPad」向けに新聞や雑誌など13社の31コンテンツを配信するサービス「ビューン」を開始（6月）。
▼英高級紙タイムズとその日曜版サンデー・タイムズが、電子版を全面有料化（6月）。
▼奈良新聞社と奈良日日新聞社が、営業部門を7月10日付で業務統合すると発表。奈良日日新聞社は、日刊紙の発行をやめ週刊新聞を発行（6月）。
▼仏紙ルモンドの監査委員会は、経営難に陥った同紙の売却先として、左派系実業家のピエール・ベルジェ氏らの企業体に正式に決める（6月）。
▼ワシントン・ポストが、週刊誌「ニューズウィーク」を、オーディオ専業メーカーの創業者シドニー・ハーマン氏に売却すると発表（8月）＝10月に売却額が1ドルだったことが判明。
▼ウィキリークスが、イラク戦争に関する米軍や情報機関の秘密文書を公表（7月）。
▼日本書籍出版協会（書協）が、書籍の電子化に際して著作者と結ぶ契約書の「ひな型」を加盟各社向けに作る。著作者と契約した出版社が、作品の電子利用について「独占的許諾権を取得する」としている（10月）。
▼1943年創刊の日本繊維新聞社が、日刊紙「日本繊維新聞」を休刊し営業を停止すると、自社のホームページで発表（11月）。
▼作家の村上龍氏らが、電子書籍制作・販売会社「G2010」を設立（11月）。
▼通信と放送の融合を進める放送法改正案など関連法案が成立。インターネット経由の番組配信など、通信と放送の垣根を越えたサービスに対応するため、現在の通信・放送関連の8法を4法に再編（11月）。
▼内部告発サイト「ウィキリークス」が、米国務省の外交公電約25万点の公開を始め、英ガーディアン、米ニューヨーク・タイムズなど5紙誌が内容を掲載（11月）。
▼ソニーが、同社の電子書籍端末「Reader」に向けた国内向けの電子書店「Reader Store」で書籍の販売を開始（12月）。

▼KDDI (au) が、電子書籍専用端末「ビブリオリーフSP02」を発売し、書籍のデータ配信サービスを始めると発表 (12月21日)。

▼世界最大の会員制交流サイト・フェイスブック創業者のマーク・ザッカーバーグ氏 (26) が、米タイム誌の選ぶ「今年の人」となる (12月)。

【2011年】

○東日本大震災が発生 (3.11)。東北地方を中心に大津波が襲い、死者1万5833人、行方不明2651人 (2013年11月現在、警察庁発表)。福島第一原発爆発事故で周辺住民約15万人が避難 (自主避難含む)。救援情報などでネット、とりわけSNSの果たした役割が注目される。被災した石巻日日新聞社は壁新聞で発行を続け避難所などに張り出す。政府はコミュニティー放送の開設を直ちに許可。

▼凸版印刷子会社のビットウェイがインテルの出資と技術協力を受けて、事業会社「ブックライブ」を設立。端末メーカーや通信会社を問わず、スマートフォン (高機能携帯電話) や専用端末にコミックなどを配信 (2月)。

▼ニューヨーク・タイムズ、ワシントン・ポスト、「USAトゥデー紙」など米主要紙が、月額6・99ドルの基本料金で読めるウェブサイトを開設。主要紙が共同出資した「オンゴー」社で提供 (1月)。

▼米書店チェーン2位のボーダーズが、米連邦破産法11条 (日本の民事再生法に相当) の適用を申請し、事実上倒産 (2月)。

▼毎日新聞社とスポーツニッポン新聞社が株主総会を開き、両社が共同持ち株会社体制を目指して「持ち株移行会社」を設立することを決定 (2月)。

▼東芝は、コミックや文芸書など2万冊以上の書籍をそろえた電子書籍ストア「ブックプレイス」の開設を発表。凸版印刷グループのブックライブとの協業でのサービス (4月)。

▼角川グループホールディングスが、動画共有サイト「ニコニコ動画」を子会社を通じて運営するドワンゴと資本提携すると発表 (5月)。

▼朝日新聞社が有料電子新聞「朝日デジタル」を創刊 (5月)。

▼富士通が、30万点以上のコンテンツをそろえた電子書籍配信サービス「BooksV (ブックスブイ)」を開始。大日本印刷グループから数万点のコンテンツを調達し、5月からパソコンやスマートフォンなどに配信 (6月)。

▼内部告発サイト「ウィキリークス」が保有する約25万件の米外交公電の全てを未編集のままネット上で公開した、と英紙ガーディアン (電子版) が報

じる。ガーディアンやドイツのシュピーゲル誌などウィキリークスと協力関係にあったメディアは、情報提供者の実名が明らかになるなどの理由から、公開を非難する共同声明を発表（9月）。
▼東日本大震災の直後、6日にわたって手書きの壁新聞を発行した宮城県石巻市の石巻日日（ひび）新聞が、台北で開かれた国際新聞編集者協会（IPI）年次総会で特別賞を受賞（9月）。
▼米アマゾンがタブレット端末「キンドルファイア」を発売すると発表（9月）＝米国で11月中旬に出荷を始める。
▼楽天が、カナダの電子書籍販売会社コボを買収することで同社と合意したと発表。買収額は236億円。電子書籍端末の販売に参入（11月）。

【2012年】

○インターネットの掲示板で中傷を受けたなどとして全国の法務局に寄せられた相談件数が3903件と過去最高に。

▼2011年の書籍と雑誌を合わせた出版物の推定販売金額（電子書籍を除く）が前年比3.8％減の1兆8042億円となったことが出版科学研究所（東京）の調査で分かる。雑誌の前年比6.6％減は過去最大の落ち込みで、27年ぶりに1兆円を割り込む（1月）。
▼米アップルが、電子書籍販売サイト「iBookstore（アイブックストア）」で、講談社や角川書店、集英社などの日本語書籍の販売を開始（3月）。
▼官民ファンドの産業革新機構が、書籍や出版物のデジタル化を進めるため出版業界が共同で設立する株式会社「出版デジタル機構」に、最大150億円を出資すると発表（3月）。
▼講談社、集英社、小学館など出版社11社が共同発起人となり、中小出版社などの書籍のデジタル化を支援する新会社「出版デジタル機構」を設立（4月）。
▼東京電力と原子力損害賠償支援機構が、「実質国有化」される東電の社外取締役に、元JFEホールディングス社長でNHK経営委員長の数土文夫氏を内定（5月）。兼職は報道の公平性へ疑念を与えるとの批判があり、数土氏はNHKの役職を辞任。
▼米グーグルが、絶版になった書籍の電子化をめぐってフランス出版業界と6年にわたり繰り広げてきた法廷闘争で和解したと発表。仏出版各社は「包括協定」に基づき、グーグルとの単独契約が可能になる（6月）。

▼楽天が、電子書籍の専用端末「コボタッチ」を7月19日に売り出すと発表。価格は他社の半額以下の税込み7980円。電子書籍の販売は海外子会社が担当（7月）。

▼カルチュア・コンビニエンス・クラブ（CCC）子会社のTSUTAYA.comが、月額定額制の映像配信サービスを開始（7月12日）。

▼米アマゾン・ドット・コムが、電子書籍端末「キンドル」の日本でのインターネット予約を開始（10月）＝11月に出荷。カラー液晶を搭載した小型タブレット（多機能携帯端末）「キンドル・ファイア」も12月に発売し、音楽やゲームを配信。

▼日本出版販売が、書店からの返品を制限する「買い取り」取引を本格的にスタート（11月）。

▼デジタル放送専用のDVDレコーダーなどの録画機器をめぐり、「私的録画補償金管理協会」が東芝に、機器の売り上げに応じた著作権料（私的録画補償金）の支払いを求めた訴訟の上告審で、最高裁が協会側の上告を退ける決定。東芝側勝訴の一、二審判決が確定（11月）。

▼出版デジタル機構が電子書籍の配信を開始（11月）

▼凸版印刷グループのBookLiveと、三省堂書店、NEC、UQコミュニケーションズの4社が、新しい電子書籍端末「BookLive! Reader Lideo（リディオ）」を発売（12月）。

【2013年】

○米情報機関が市民の通話記録などを収集していたことが、元CIA職員の情報を元に報道される。日本では、特定秘密保護法が成立。

▼中国広東省の週刊紙「南方週末」の紙面が省共産党宣伝部の介入で改ざんされた問題で、反対運動が起きる（1月）。

▼日本新聞協会が、新聞・書籍・雑誌に消費税の軽減税率の適用を求める「知識には軽減税率の適用を」と題する声明を発表（1月）。

▼仏業界が、ニュース検索などでの見出しや記事の一部の掲載についてグーグルに利用料を支払うことを求めていたが、米グーグルが6000万ユーロを拠出して、仏新聞・雑誌業界の電子化を促進するための基金を創設することで仏政府と合意（2月）。

▼米ニューヨーク・タイムズが、デジタル版の購読者の増加で12年12月期決算が2期ぶりの黒字と発表（2月）。

▼米司法省が、米アップルと米欧出版社5社が電子書籍の価格を不当につり上げたと独占禁止法違反で提訴していた問題で、マクミラン社と和解したと発表。出版5社全社と和解成立（2月）。
▼与野党11党が、インターネットによる選挙運動を全面解禁するために、開会中の国会で公職選挙法を改正する方針で一致（2月）。
▼日本のテレビ番組をインターネット経由で海外に転送するサービスは著作権侵害になるかどうかが争われた2件の裁判で、最高裁が業者の上告を棄却し、差し止めと損害賠償を命じる（2月）。
▼ジャパンタイムズが、米ニューヨーク・タイムズ社と日本での新聞発行で業務提携し、10月から両紙の2部構成の新聞を発行すると発表（3月）。
▼日本経済新聞社が、英フィナンシャル・タイムズ社と記事の相互利用やデジタル分野での協力を軸にした広範な分野での協力拡大で合意と発表（3月）。
▼カルチュア・コンビニエンス・クラブ（CCC）が指定管理者として運営にあたる佐賀県武雄市図書館が、リニューアルオープン（4月）。
▼グーグル検索のサジェスト機能のため、自分の名前を入力すると犯罪に加担したかのような記事が並ぶのは名誉毀損に当たるとして男性がグーグル社を訴えていた裁判で、東京地裁が名誉毀損を認める判決（4月）。
▼ハフィントン・ポスト日本版が創刊。朝日新聞社との合弁会社が運営（5月）。
▼AP通信記者の通話記録を米政府が秘密裏に蒐集していたことがわかる。AP通信社長が司法長官に抗議の書簡（5月）。
▼インターネットを使った選挙運動を解禁する改正公職選挙法が成立（4月）。
▼米ワシントン・ポストが、一定数以上の記事を閲覧する読者への課金を段階的に開始（6月）。
▼英ガーディアン紙が、「米国家安全保障局（NSA）が米電話会社ベライゾンの通話記録数百万件を毎日収集」と報道。次いで米メディア各社が、米国家安全保障局（NSA）と米連邦捜査局（FBI）がグーグルなどの大手インターネットサービス会社を通じて、市民の間でやり取りされている電子メールや写真など通信記録を大規模に収集していたと報じる。その後、ガーディアン、米ワシントン・ポストが、米政府による通信記録収集の記事の情報源は元CIA職員のエドワード・スノーデン氏と報じる。香港に滞在中の同氏が身元を公表（6月）。
▼米ニューズ・コーポレーションが、新聞・出版事業の分離・独立を決定。ウォール・ストリート・ジャーナルなどを発行する新会社が「ニューズ・コーポレーション」の名を継承し、映画・テレビ事業などの旧会社が「21

世紀フォックス」に社名変更（6月）。
▼警視庁は、パソコンの遠隔操作事件で弁護士らに犯行声明を送ったとされるメールサーバーに朝日と共同の記者が侵入したとして、両記者を不正アクセス禁止法違反容疑で書類送検（6月）＝8月、東京地検が起訴猶予処分と発表。
▼インターネットでの選挙運動が解禁された後、初の国政選挙となる参院選が公示、投票。自民党圧勝、民主党惨敗（7月）。
▼米アマゾンの創業者ジェフ・ベゾス氏が、米名門紙ワシントン・ポストを買収することで合意。同紙を発行するワシントン・ポスト社は教育事業などに集中することに（8月）。
▼米軍事法廷は、告発サイト「ウィキリークス」に米外交公電などを流出させたブラッドリー・マニング米陸軍上等兵に対し、禁錮35年の判決を言い渡す（8月）。
▼自らの被爆体験を基にした中沢啓治作の漫画「はだしのゲン」について、松江市教育委員会が12年12月に同市立小中学校の図書館での閲覧を制限していたことが報道され、論議を呼ぶ（8月）。同市教委は、同月中に閲覧制限を撤回。
▼茨城県土浦市に本社を置く地域紙、常陽新聞が廃刊（8月）。
▼NHKが、放送とインターネットを本格的連携させた「NHKハイブリッドキャスト」をスタート（9月）。
▼大手教科書会社12社が、デジタル教科書の共同開発に乗り出すと発表（9月）。
▼元CIA職員からの内部資料提供を受けて米英情報機関の情報収集についての報道を続けるガーディアン紙について、英国のキャメロン首相が報道差し止めなどの強硬措置もありうることを示唆（10〜11月）。また、議会は同紙編集長を呼び証言を求める（12月）。
▼無料の通話・メールアプリ「LINE」の登録ユーザー数が3億人を突破したと発表（11月）。
▼国の機密情報を漏らした公務員らへの罰則を強化する特定秘密保護法が成立（12月）。

メディアの将来像を探る

2014年2月10日　初版第1刷発行

編　者　早稲田大学メディア文化研究所
　　　　代表編者　中田彰生・森　治郎
発行者　菊池公男
発行所　株式会社 一藝社
〒160-0022　東京都新宿区新宿1-6-11
Tel. 03-5312-8890　Fax. 03-5312-8895
E-mail : info@ichigeisha.co.jp
HP : http://www.ichigeisha.co.jp
振替　東京 00180-5-350802
印刷・製本　シナノ書籍印刷株式会社

©Akio Nakada & Jiro Mori　2014 Printed in Japan
ISBN　978-4-86359-063-2 C3031
乱丁・落丁本はお取り替えいたします

一藝社の本

地域づくり新戦略
――自治体格差時代を生き抜く――

片木 淳・藤井浩司・森 治郎◆編著

A5判　並製　264頁　定価（本体1,900円＋税）　ISBN 978-4-901253-96-3

今日わが国の地方自治体は「存亡の危機」に直面している。厳しい格差時代を生き抜くために、自治体はいかなる対策を実施していくことが必要なのか――。 本書は、行政、マスコミ等広範な分野の研究者、専門家による地域再生・活性化のための提言集である。各章では具体的に事例を交えながら地域の再生・活性化のためのヒントを提供していく。地方自治体の首長、議員、職員をはじめ、広く、NPO、地元企業、住民等「地域づくり」関係者必読の一書！

メディアの地域貢献
――「公共性」実現に向けて――

早稲田大学メディア文化研究所◆編

A5判　並製　272頁　定価（本体1,900円＋税）　ISBN 978-4-86359-025-0

「メディアは公共的存在（公共財）」と言われながら、実際には正面から検討されることはほとんどないのが現状である。本書は、地域貢献とは単に「言論報道」のみによって担われたり実現されたりするものではなく、販売、広告、事業さらにはその組織員の活動によって担われ実現されるべきものであることを説き、その具体例と手法を提示する。「メディアは地域づくりの重要パートナー」という視点に立ち、各地域におけるメディアの実践事例を多数紹介。

ご注文は最寄りの書店または小社営業部まで。小社ホームページからもご注文いただけます。